Centros de memória

SERVIÇO SOCIAL DO COMÉRCIO
Administração Regional no Estado de São Paulo

Presidente do Conselho Regional
Abram Szajman
Diretor Regional
Danilo Santos de Miranda

Conselho Editorial
Ivan Giannini
Joel Naimayer Padula
Luiz Deoclécio Massaro Galina
Sérgio José Battistelli

Edições Sesc São Paulo
Gerente Iã Paulo Ribeiro
Gerente adjunta Isabel M. M. Alexandre
Coordenação editorial Clívia Ramiro, Cristianne Lameirinha, Francis Manzoni
Produção editorial Ana Cristina Pinho, Maria Elaine Andreoti
Coordenação gráfica Katia Verissimo
Produção gráfica Fabio Pinotti
Coordenação de comunicação Bruna Zarnoviec Daniel

Coleção Sesc Culturas
Coordenação Marta Colabone
Organização Iã Paulo Ribeiro
Colaboração Isaura Botelho
Apoio José Olímpio Zangarine

Ana Maria Camargo
Silvana Goulart

Centros de memória

Uma proposta de definição

Coordenação editorial Tikinet
Preparação Hamilton Fernandes
Revisão Cristiane Yagasaki e Marina Caldeira
Capa, projeto gráfico e diagramação Aline Maya
Imagem da capa detalhe da obra de Hudinilson Jr.

C1727c   Camargo, Ana Maria; Goulart, Silvana

Centros de memória: uma proposta de definição / Ana Maria Camargo; Silvana Goulart. – São Paulo : Edições Sesc São Paulo, 2015. –
112 p. (Coleção Sesc Culturas).

ISBN 978-85-7995-164-0

1. Documentação. 2. Centros de memória. I. Título.

CDD 029

© Ana Maria Camargo, Silvana Goulart, 2015
© Edições Sesc São Paulo, 2015
Todos os direitos reservados

Edições Sesc São Paulo
Rua Serra de Bocaina – 11º andar
03174-000 – São Paulo SP Brasil
Tel. 55 11 2607-9400
edicoes@edicoes.sescsp.org.br
sescsp.org.br/edicoes
/edicoessescsp

*Quando pronuncio a palavra futuro,
a primeira sílaba já se perde no passado.*
Wislawa Szymborska

Sumário

Apresentação	9
Prefácio	13
Cada coisa em seu lugar: arquivos, bibliotecas e museus	17
Afinidades	19
Diferenças	23
O mundo mudou	33
As lógicas contemporâneas	35
A nova face das organizações e do trabalho	38
Capitalizando conhecimentos	41
Entram em cena os documentos	49
Um acervo heterogêneo	53
Conhecimentos ou documentos?	55
Interfaces	57

Os centros de memória hoje   **61**

Breve diagnóstico   65
    Motivações   66
    Objetivos e missão   67
    Equipes   69
    Acervos   70
    Políticas de acervo   72
    Produtos   74
    Acesso e uso   77

Construindo uma imagem   80
O ponto de vista das organizações   84
Um balanço   85

Desafios   **89**

"Coisas desconexas"   92
O passado no presente   98
Ligando os pontos   104

Sobre as autoras   **111**

APRESENTAÇÃO
MEMÓRIAS: UMA PROPOSTA DE COMPARTILHAMENTO

Quando começamos a organizar formalmente o centro de memória do Sesc, a instituição comemorava 60 anos. Dizem que as datas comemorativas são prenúncios para ações desse porte; no nosso caso, a idade pouco importou. Foi, aliás, uma coincidência. Na ocasião, pensávamos ter uma forma de agir constituída e respeitada e, não sem modéstia, tomada como modelar por instituições afins. Tínhamos uma rede de centros culturais e desportivos abraçando o estado de São Paulo, com hiatos geográficos que, aos poucos, têm sido preenchidos. Tínhamos uma equipe multidisciplinar que carregava consigo modos de fazer que não podiam ser perdidos com a saída dos membros – para novas experiências ou por conta das aposentadorias tão sonhadas e, ao mesmo tempo, tão temidas –, nem deixados de ser transmitidos às novas gerações, que crescem a passos largos. Contávamos com uma produção de catálogos, folhetos, cartazes, fotografias, maquetes, máscaras, figurinos e tantos outros produtos que, vez por outra, quando deles se precisava, as horas seguiam lentas até que chegassem às mãos do pesquisador. Enfim, tínhamos uma situação, se não ideal, muito boa para pensar em como preservar parte do acervo produzido pelo Sesc – não somente para colocá-lo em ordem alfabética, numérica, de gênero documental, enfim, uma ordem que dialogasse com a forma de trabalhar da instituição, mas, principalmente, para dar sentido àquilo que fazia parte da vida de muitas pessoas: a experiência de assistir a um espetáculo artístico, a vivacidade de jogar bola em grupo, a alegria de degustar um bom alimento, o sorriso aberto depois do tratamento dentário, as mãos sujas depois de plantar as mudas de hortelã, o corpo relaxado depois de um merecido descanso na praia de Bertioga.

Começamos conversando publicamente sobre memória e cultura em um seminário que reuniu 25 colaboradores, entre estudiosos e gestores de arquivos, museus, bibliotecas, centros de documentação e centros de memória[1]. Entre teorias, exemplos práticos, auxílio de consultores e muita experimentação, fomos nos (re)aproximando de nossos documentos, ou seja, de nossa própria história! Ao mesmo tempo, organizávamos os espaços, adquiríamos equipamentos e mobiliários e, fundamentalmente, buscávamos profissionais que se identificassem com o trabalho em curso. Desde o primeiro envelope aberto, repleto de fotografias, até hoje, não abandonamos as perguntas que nos movem: o que guardar? Por que guardar? Como guardar? Como disponibilizar para consulta? Como fazer para que a memória seja um valor na história institucional?

Em meio a coleta de documentos, escrita de manuais, fichas catalográficas, álbuns, muitas estantes, encontros permanentes para conversar sobre o que nos move no campo da guarda, aprendemos e nos aproximamos cada vez mais dessa comunidade que dedica suas horas à preservação da história de muitos de nós. Em relação ao que distingue e aproxima os arquivos, as bibliotecas, os centros de documentação e os museus, buscamos uma alternativa à nossa realidade, já que nos encaixávamos um pouco em cada um deles. Retomamos a primeira palestra dada nos "Encontros Sesc Memórias" pela professora Ana Maria

---

1. Danilo Santos de Miranda (org.), *Memória e cultura: a importância da memória na formação cultural humana,* São Paulo: Edições Sesc, 2007.

Camargo[2], intitulada "Arquivos ou centros de memória?". Cientes da natureza híbrida de nosso acervo e o que dela deriva, julgamos pertinente compartilhar essas reflexões também em formato de livro. Por isso o convite à professora Ana Maria Camargo e à pesquisadora Silvana Goulart para a escrita deste texto.

Com ele, o Sesc traz à luz uma experiência, uma possível forma de educar: propor, questionar, duvidar, lembrar e também esquecer, porque, "se a memória costuma ser automaticamente correlacionada a mecanismos de retenção, depósito e armazenamento, é preciso apontá-la também como dependente de mecanismos de seleção e descarte"[3]. Que ambos, lembranças e esquecimentos, sejam sempre "portadores de sentido" e de condutas éticas.

Danilo Santos de Miranda
Diretor Regional do Sesc São Paulo

---

2. Disponível em: <http://www.youtube.com/watch?v=gWI-GfNNl3s>, acesso em: 10 set. 2014.

3. Ulpiano T. Bezerra de Meneses, "A história, cativa da memória?", *Revista do Instituto de Estudos Brasileiros*, São Paulo: 1992, n. 34, pp. 9-24.

PREFÁCIO
UM ESPAÇO INSTITUCIONAL CONTROVERTIDO

Há algo de paradoxal em nossa relação com o tempo, como intuiu a escritora polonesa cujos versos servem de epígrafe a este livro. O *presentismo* a que nos sentimos condenados, e que assume proporções cada vez maiores ante o fenômeno da globalização, faz-se acompanhar do uso indiscriminado (se não abusivo) da memória: ou como categoria capaz de substituir os mecanismos com que sempre separamos o antes do depois, o passado do futuro, o igual do diferente; ou como alternativa ao afastamento e à descontinuidade que a produção do conhecimento impõe. A sincronia e a contiguidade acabaram por subverter as noções de tempo e espaço que haviam funcionado como coordenadas básicas de todos os sistemas de representação até o século xx, afetando o estatuto da memória e dos conceitos a ela associados, como os de identidade, continuidade e história. Este é o pano de fundo que nos serve de balizamento para a abordagem do tema. Afinal, seria descabido falar sobre os centros de memória sem remetê-los às transformações que afetaram os organismos a que estão vinculados e às estratégias concebidas para enfrentá-las.

Não há consenso sobre o seu formato, alcance e significado, mas os centros de memória – esses lugares que tanto se parecem com arquivos

– estão em toda parte. Não podem mais ser entendidos como meros artifícios para tornar atraentes os espaços e serviços que, na condição de retaguarda ou suporte das atividades de determinada instituição, estariam irremediavelmente condenados à invisibilidade. Se a extrema discrição tem selado o destino dos arquivos, dando-lhes a aparência de setores subalternos e sem importância, o recurso a um novo nome conseguiria, em tese, amenizar ou diminuir essa condição. Os centros de memória, no entanto, apesar de seu caráter instrumental, não se configuram como substitutos perfeitos dos dispositivos tradicionalmente encarregados de abastecer as instituições, privadas ou públicas, com as informações e os documentos de que têm necessidade. Ao contrário, além de serem considerados importantes para o processo decisório em sua esfera de atuação, alguns deles têm a pretensão de exercer funções estratégicas diferenciadas e contínuas no ambiente corporativo, suprindo com vantagem a contratação de consultorias especializadas. A questão é saber até que ponto os centros de memória, sobretudo aqueles que assumem explicitamente tais funções, logram convertê-las em rotina, contrariando a ideia de que são entidades supérfluas, onerosas e condenadas à vida efêmera.

Este livro objetiva explorar a diversidade de características atribuídas aos centros de memória, mapeando as circunstâncias sob as quais foram concebidos; examinar as soluções híbridas a que recorreram, na tentativa de ajustar mecanismos preexistentes às demandas de um novo tempo; discutir seu alinhamento com os órgãos que os criaram; e, por fim, apresentar os elementos que poderiam compor seu perfil institucional, de modo a torná-los viáveis e importantes.

Para tanto, tomou-se como campo de observação a experiência brasileira, com uma grande quantidade de organismos que se autodenominam centros de memória. Nossa tarefa seria a de verificar, assim, no âmbito de um fenômeno que vem ocorrendo há pelo menos duas décadas, até que ponto representam eles, por trás da rubrica partilhada, a mesma categoria institucional; e até que ponto correspondem, numa nova roupagem, a modalidades cujas fronteiras, ainda que mal definidas, sabemos reconhecer.

No primeiro capítulo, sob o título "Cada coisa em seu lugar: arquivos, bibliotecas e museus", procuramos oferecer uma visão esquemática e comparativa das instituições que, tendo por objeto a gestão e a custódia de documentos, servem de matriz para as que, no mundo de hoje, fazem apelo à memória para cumprir funções congêneres.

Em seguida apresentamos um panorama dos referenciais que permitiriam compreender e justificar o aparecimento dos centros de memória. O capítulo "O mundo mudou" divide-se, assim, em três seções. Sem a pretensão de discutir especificamente a pós-modernidade, a primeira delas – "As lógicas contemporâneas" – procura alinhavar as ideias que diferentes autores têm apresentado a propósito da reconfiguração dos conceitos de tempo, lugar e movimento. A segunda seção, intitulada "A nova face das organizações e do trabalho", trata dos mecanismos adotados pelas empresas para enfrentar alterações observadas no âmbito da produção e das relações de trabalho. E "Capitalizando conhecimentos", por fim, detém-se na abordagem da cultura e da experiência como fatores de sustentação e desenvolvimento organizacional.

O terceiro capítulo, "Entram em cena os documentos", é reservado à análise do papel estratégico que as informações consistentes e imediatamente disponíveis passam a ter com as organizações, promovendo a revalorização de seu aparato documental e o aparecimento de novos conceitos e novas denominações. A seção "Um acervo heterogêneo" procura, em primeiro lugar, caracterizar as matrizes originárias do material encontrado nos centros de memória. Em seguida problematizamos a própria natureza do acervo, enfrentando a dicotomia "Conhecimentos ou documentos?". Por último, sob o título "Interfaces", são abordados os dispositivos operacionais que permitiriam seu acesso e uso.

O capítulo "Os centros de memória hoje" traz panorama da experiência brasileira na criação e manutenção de tais centros. Na parte inicial desse capítulo, a seção "Breve diagnóstico" procura identificar motivações, objetivos, tipos de profissionais que integram suas equipes, acervos e respectivas políticas de incorporação de documentos, produtos desenvolvidos e ferramentas de acesso e uso. Vem a seguir "Construindo uma imagem", em que se destacam os argumentos mediante os quais os centros de memória costumam se justificar perante as organizações a que se subordinam: como instrumentos de fortalecimento da identidade institucional, como fiadores de responsabilidade histórica e como veículos de transmissão de valores, entre outros. Por fim, a contrapartida desse discurso é sistematizada em "O ponto de vista das organizações", a que se segue um pequeno balanço crítico.

À guisa de fecho, são apresentados os principais "Desafios" com que se defrontam as organizações no processo de consolidação de uma política memorial. Os problemas expostos na seção "Coisas desconexas" encontram no tópico seguinte, "O passado no presente", a fundamentação teórica que dá respaldo às recomendações com que encerramos este ensaio exploratório sobre o tema. Sem caráter conclusivo, "Ligando os pontos" sugere, por fim, as condições que julgamos necessárias para que os centros de memória possam exercer, com plenitude, a posição estratégica a que aspiram.

Desfrutando de relativa autonomia, os capítulos trazem, ao final, a bibliografia que lhes serviu de apoio.

Cada coisa em seu lugar: arquivos, bibliotecas e museus

A definição das instituições que exercem a custódia de documentos costuma ser feita em termos comparativos. A fronteira que as separa ganha, então, sentido simultaneamente didático e operacional, assumindo a rigidez ou a flexibilidade que se pretende acentuar em razão de pontos de vista, interesses e conveniências.

Afinidades

Se entendidas como centros de difusão do saber, como espaços culturais de formação ou ainda como núcleos de coleta, preservação e transmissão de nosso patrimônio cultural, essas instituições encontrariam entre si fortes laços de parentesco, justificando a irmandade que Johanna W. Smit chamou de "3 Marias"[1]. A missão comum de tornar acessível a informação contida nos respectivos acervos minimizaria as divergências com que procuraram, ao longo do tempo, demarcar seus territórios disciplinares. Afinal, em todas elas

---

1. Johanna W. Smit, "O documento audiovisual ou a proximidade entre as 3 Marias", *Revista Brasileira de Biblioteconomia e Documentação*, São Paulo: 1993, v. 26, n. 1/2.

se encontra material que permite evocar fatos e dar a eles significado, de modo a atender à fluidez e ao dinamismo de diferentes demandas sociais, inclusive aquelas voltadas especificamente para a construção do conhecimento.

Mesmo quando se admite a peculiaridade de cada um desses "meios institucionais de custódia e disseminação"[2], como os definiu Heloísa Liberalli Bellotto, observa-se a tendência em mantê-los agrupados para fins de racionalização de recursos, tanto no âmbito da gestão quanto no do desenvolvimento de determinados programas.

A iniciativa de subordiná-los à mesma área governamental, por exemplo – e essa área é, invariavelmente, a da cultura –, resulta da percepção de que, além de convergirem para um único fim, podem e devem utilizar equipamentos comuns: depósitos para armazenamento e reserva técnica, salas de consulta, espaços expositivos, serviços de reprografia e laboratórios de restauração, entre outros. Tais medidas de economia, a rigor, não afetariam o tratamento a ser dispensado aos documentos, mantendo-se, na maior parte dos casos, a independência dos arquivos, bibliotecas e museus quanto à composição de suas equipes de trabalho e à organização dos respectivos acervos. O maior óbice a esse tipo de solução, no entanto, é colocado pelos arquivos públicos, que preferem ser tutelados pela área administrativa a fim de intervirem mais livremente (sem o uso de mecanismos sistêmicos[3]) nas etapas iniciais da cadeia vital dos documentos. Mantê-los irmanados às instituições de cultura

---

2. Heloísa Liberalli Bellotto, *Arquivos permanentes: tratamento documental*, 4. ed., Rio de Janeiro: Editora FGV, 2007.

3. O formato sistêmico altera, para fins específicos, as relações que determinados setores mantêm entre si no âmbito da estrutura organizacional de uma instituição, dando-lhes autonomia para impor normas e procedimentos a entidades que não se subordinam formalmente a eles. A criação de sistemas de arquivo, no Brasil, conferiu aos arquivos permanentes posição de órgãos centrais para o exercício de tais atribuições, responsabilizando-os pela formulação de programas de modernização administrativa, pelo processo de avaliação e pelas ações de transferência e recolhimento de documentos dos órgãos produtores.

acabaria impondo uma verdadeira cisão entre os arquivos correntes e os permanentes, como se fossem de natureza distinta.

"Os bons museus devem ficar cada vez mais parecidos com bibliotecas especializadas e com arquivos, da mesma forma que as boas bibliotecas e os bons arquivos devem tirar proveito da experiência dos museus"[4], disse Michael Fox num encontro realizado em 2005. O pressuposto desta e de outras afirmações semelhantes é, no fundo, um prognóstico partilhado por muitos arquivistas, bibliotecários e museólogos: o uso crescente de recursos digitais acabará por dissolver as barreiras existentes entre as três áreas. Pelo menos é o que se depreende da farta literatura recentemente publicada sobre o tema[5] e da ênfase dada por determinados projetos à criação de uma plataforma capaz de compatibilizar diferentes bases de dados e de atender a um único comando do usuário.

Ainda que o paradigma do acesso sirva de mote para que arquivos, bibliotecas e museus exponham seus acervos na *internet* – numa escala que só tende a aumentar e que, no Brasil, se converteu em contrapartida

---

4. Diane Zorich; Günter Waibel; Ricky Erway, *Beyond the silos of the LAMs: collaboration among libraries, archives and museums*, Dublin: Online Computer Library Center (OCLC), 2008, p. 5.
5. Nos Estados Unidos, o RLG (Research Libraries Group) promoveu, em 2005, um encontro que procurou responder à instigante pergunta "Libraries, Archives, and Museums: Three-Ring Circus, One Big Show?". No ano seguinte, a RBMS (Rare Books and Manuscripts Section), organismo filiado à ACRL (Association of College and Research Libraries), realizaria outro evento de grande impacto, que versou sobre questão semelhante: "Libraries, Archives, and Museums in the Twenty-First Century: Intersecting Missions, Converging Futures?". Em 2008 foi a vez do grupo Chips (Cultural Heritage Information Professionals), que reuniu representantes de arquivos, bibliotecas e museus para refletir sobre as possibilidades de convergência das três áreas, de modo a superar as tradicionais barreiras entre elas, sobretudo no plano da formação profissional, e atender às necessidades dos usuários. Os resultados desse encontro foram publicados nos números especiais de três importantes revistas: *Archival Science* (v. 8, n. 4), *Library Quarterly* (v. 80, n. 1) e *Museum Management and Curatorship* (v. 24, n. 4). Em 2009, em seu congresso anual, a American Society for Information Science and Technology abriu espaço para o tema "Information Organization in Libraries, Archives and Museums: Converging Practices and Collaboration Opportunities", o mesmo acontecendo nas reuniões promovidas em 2011 e 2012 pela Association for Library and Information Science Education.

obrigatória para toda e qualquer concessão de apoio financeiro às instituições de custódia de documentos, sejam elas públicas ou privadas –, os metadados que vêm sendo apresentados nessas iniciativas estão longe de refletir as especificidades de cada área. No entanto, o que poderia parecer uma adesão tácita ao postulado da quebra de fronteiras apenas traduz o descompasso entre o processo moroso e requintado de identificar os documentos e o de mecanicamente reproduzi-los[6].

Cabe mencionar ainda, como reflexo do mesmo esforço de racionalização de recursos já exemplificado, aquele que incidiu sobre a formação de corpos profissionais no Brasil. Mesmo que a criação de cursos superiores de arquivologia, biblioteconomia e museologia tenha partido do reconhecimento da autonomia epistemológica de cada uma dessas disciplinas, seu *modus operandi* sempre se valeu, em nome de uma suposta interdisciplinaridade, de estruturas curriculares preexistentes, cuja pertinência nem sempre ficou suficientemente demonstrada: tanto a busca de um telhado comum (documentação, ciência da informação) quanto a busca de relações de parentesco ou vizinhança (história, administração, ciências sociais, direito etc.) constituíram, no fundo, medidas de estrita economia na composição de quadros docentes, apesar de adornadas por justificativas de considerável efeito retórico. Resta saber se foram capazes de propiciar aos egressos desses cursos, todos eles marcados pela síndrome da profissionalização precoce[7], a necessária formação.

---

6. É o que ocorre em alguns arquivos e centros de memória brasileiros, que deixam perceber, em seus *sites*, os efeitos devastadores da chamada *digitalização selvagem*.

7. A Lei de Diretrizes e Bases da Educação Nacional, de 1996, deixou de associar o diploma à inscrição profissional, rompendo com a natureza corporativa do ensino superior. O Conselho Nacional de Educação, em parecer memorável (CNE/CES n. 108/2003), lamentaria a opção brasileira pela profissionalização precoce: entre o modelo francês – com ensino de segundo grau de qualidade e ensino universitário de natureza profissionalizante – e o norte-americano – com ensino de segundo grau de baixa qualidade e ensino universitário mais genérico, que deixa a profissionalização para o nível pós-graduado –, o "Brasil soube escolher o pior dos dois mundos possíveis", unindo a baixa qualidade do seu ensino médio a um programa que transformou o diploma universitário em "passe para a vida profissional".

Diferenças

Ainda que possam desenvolver uma convivência pacífica, não se pode deixar de assinalar os traços distintivos que separam as três modalidades institucionais em relação a certos quesitos, como esquematicamente demonstra o quadro a seguir.

		ARQUIVOS	BIBLIOTECAS/ CENTROS DE DOCUMENTAÇÃO	MUSEUS
FUNÇÕES PRIMÁRIAS		Administrativas (viabilizar e comprovar atividades de instituições e pessoas)	Educacionais, científicas, técnicas e culturais	
MECANISMOS DE CONSTITUIÇÃO DO ACERVO		Reunião de documentos mediante processo sedimentar (acumulação), de acordo com o funcionamento da entidade produtora	Reunião de documentos mediante processo seletivo (coleção), de acordo com seu perfil ou linha temática	
		Transferência e recolhimento	Compra, doação ou permuta de fontes múltiplas	
NATUREZA DOS DOCUMENTOS		Caráter necessário	Caráter contingente	
		Estatuto documental congênito	Estatuto documental atribuído	
		Interdependência	Autonomia	
CARACTERÍSTICAS FORMAIS PREDOMINANTES DOS DOCUMENTOS		Gênero textual		Todos os gêneros, além de objetos desprovidos de linguagem
		Exemplares únicos	Exemplares múltiplos	Exemplares únicos e múltiplos
		Técnicas de registro, formatos e suportes associados à escrita		Técnicas de registro, formatos e suportes diversos
ABORDAGEM		Princípios	Normas	
		Contexto	Conteúdo	
		Série	Item	

Chega-se assim ao paradoxo de atingir esse patamar "antes mesmo de claramente entender a complexidade do mundo do conhecimento", como vem ocorrendo em vários de nossos cursos superiores.

Trata-se de entidades cujas funções específicas divergem. Os arquivos nascem em decorrência das ações praticadas por pessoas jurídicas e físicas ao longo de suas respectivas trajetórias. Os documentos que os integram não constituem uma finalidade em si: são ferramentas de gestão, isto é, instrumentos pelos quais as atividades de tais pessoas se realizam, servindo, ao mesmo tempo, de comprovantes de que as atividades foram realizadas. Interessam, portanto, ao organismo que os acumulou, cujos agentes formam seu público-alvo imediato e, muitas vezes, exclusivo. Só os arquivos considerados de interesse social e valor permanente, qualquer que tenha sido sua condição originária (documentos gerados por serviços estatais, empresas ou pessoas), é que passam à custódia de entidades abertas a um público de pesquisadores, como de resto ocorre com as bibliotecas especializadas e os museus-laboratório. Em outras palavras: alçados à categoria de patrimônio histórico, os arquivos partilham com as demais entidades uma função cultural (no sentido amplo desse conceito), fornecendo subsídios que permitem reconstituir a trajetória das pessoas jurídicas e físicas cujos documentos se preservaram e, por extensão, o contexto social em que atuaram. As funções ligadas ao lazer, bastante acentuadas nos museus e presentes também em algumas bibliotecas (sobretudo como estratégias de incentivo à leitura), são praticamente periféricas nos arquivos, limitando-se à chamada *ação educativa*. Dessas funções primárias resultam ainda diferenças significativas não apenas em relação ao modo como seus acervos são utilizados[8], mas quanto à visibilidade e

---

8. Robert S. Martin ("Intersecting missions, converging practice", RBM: *A Journal of Rare Books, Manuscripts, and Cultural Heritage,* Chicago: 2007, v. 8, n. 1, pp. 80-8) afirma que há uma diferença fundamental entre usar, ler e ver documentos, funções que caracterizariam, segundo ele, a postura típica que se tem perante os acervos de arquivos, bibliotecas e museus, respectivamente. Antes dele, Angelika Menne-Haritz já havia colocado a perturbadora ideia de que os arquivos não existem para ser lidos (cf. "Access: the reformulation of an archival paradigm", *Archival Science,* Holanda: 2001, v. 1, pp. 57-83).

ao prestígio social de cada uma das instituições, ficando os arquivos no patamar mais baixo da escala[9].

No quesito relativo à constituição do acervo, observa-se o contraste entre a formação progressiva e natural típica dos arquivos, a que se convencionou chamar de acumulação, e a reunião de documentos selecionados a partir de determinados critérios. No primeiro caso, o resultado do conjunto, rotineira e necessariamente alimentado ao sabor das demandas e dos ritmos de funcionamento da entidade produtora, sem qualquer preocupação com o eventual valor histórico que possa vir a ter, tende a representá-la nas sucessivas configurações que assumiu ao longo do tempo. E, como o caráter probatório dos documentos no arquivo decorre de sua capacidade de repercutir as atividades de que se originaram, é importante que o processo de redução das grandes massas acumuladas se faça apenas a partir de critérios de proporcionalidade e representatividade[10]. O que se passa nas bibliotecas e museus é bem diferente. Exceção feita às bibliotecas que detêm o depósito legal, obrigadas a recolher tudo o que se publica numa região ou num país, as demais instituições exercem a livre escolha do material que julgam ter afinidade com seu perfil ou sua política de aquisição. O grau de especialização, profundidade e consistência que se almeja alcançar nesses casos descarta o conceito mais tradicional

---

9. Ver, a respeito, o artigo de Isabelle Le Bis e Béatrice Vacher, "Les vertus stratégiques de la discrétion des services documentaires: théories et illustrations" (*Documentaliste: Sciences de l'Information*, Paris: 2006, v. 43, n. 3, pp. 200-8), a propósito dos serviços de documentação, de modo geral; e o de Sylvie Thorel-Cailleteau, "La figure de l'employé de bureau" (*Travailler*, Paris: 2002, n. 7, pp. 77-88), sobre a figura caricata do agente administrativo que executa mecanicamente tarefas dissociadas das finalidades da instituição, sem ter qualquer responsabilidade sobre elas. Ambos aludem ao trabalho invisível e desprestigiado dos arquivistas.

10. Tais ponderações incidem sobre as instituições diretamente responsáveis pela custódia de documentos do poder público, de qualquer esfera ou jurisdição. Não se aplicam, obviamente, àqueles organismos que, destinados a cobrir uma área temática, admitem integrar a seu acervo determinados arquivos, a partir de processo seletivo.

de acervo físico: referências e reproduções passam a compor a coleção, ensejando parcerias, redes e consórcios entre as instituições detentoras de material de interesse, onde quer que se localizem.

Se nos arquivos a transferência e o recolhimento são operações típicas da passagem dos documentos para depósitos de guarda intermediária e, em seguida, para aqueles de guarda permanente, as bibliotecas e os museus continuam a adquirir seus documentos por meio de compra, doação ou permuta. As mudanças que se anunciam nesse cenário introduzem, para arquivos, bibliotecas e museus, o recurso a empréstimos que simulariam, para os primeiros, a reintegração de documentos que se encontram fora de seu domicílio legal; e, para os demais, a exaustividade das coleções pretendidas[11]. Em ambas as situações, o direito de propriedade cederia lugar a outras figuras jurídicas, a exemplo da licença de uso.

Os documentos de arquivo, produzidos em razão das atribuições de determinados organismos e das normas que regulam seu funcionamento, têm caráter necessário, ao contrário do que acontece no mundo das bibliotecas e dos museus, que abrigam documentos cuja criação prescinde de justificativas formais[12]. Daí a condição *sui generis* de que desfrutam os arquivos: o estatuto probatório de seus documentos é

---

11. De acordo com alguns autores, o termo anticoleção serviria para designar a reprodução digital de documentos obtidos de fontes estranhas à comunidade integrada por arquivos, bibliotecas e museus. Cf., por exemplo, Betsy van der Veer Martens, "Approaching the anti-collection", *Library Trends*, Baltimore: 2011, v. 59, n. 4, pp. 568-87.

12. Como afirma Bruno Delmas em *Arquivos para quê?: textos escolhidos* (São Paulo: Instituto Fernando Henrique Cardoso, 2010, pp. 134-5), os documentos de arquivo são produzidos no curso de atividades que incluem obrigações legais, científicas e práticas, como ocorre, respectivamente, com os que resultam das prestações de contas, dos protocolos de experimentos e da correspondência. Antonia Heredia Herrera enfatiza essa diferença opondo o conceito de produção, próprio da área arquivística, ao de criação: "A produção não é criação, não é invenção e, portanto, não é arbitrária, nem discricional. É determinada pelas funções atribuídas ao produtor e pelos procedimentos que as regulam" (*Manual de archivística básica: gestión y sistemas*, Puebla: Benemérita Universidad Autónoma de Puebla/Archivo Histórico Universitario, 2013, p. 65).

congênito[13] e incide sobre as próprias atividades de que resultaram. Se o termo documento é designativo comum de todo e qualquer registro suscetível de valor de prova, é preciso ressaltar que, nos arquivos, esse atributo não só alcança potência máxima como independe das construções discursivas que, sobretudo nos museus, a curadoria utiliza para justificar a exibição de grande parcela do acervo. A manutenção da organicidade – qualidade segundo a qual os arquivos refletem a estrutura, as funções e as atividades de determinada instituição, em suas relações internas e externas – é, por sua vez, requisito para que os documentos não percam a capacidade probatória que os distingue. Nessa medida é que a interdependência entre eles se opõe, como traço diferencial, à autonomia de sentido que podemos reconhecer isoladamente em cada documento do acervo de bibliotecas ou museus[14].

É no plano das características formais que arquivos e bibliotecas mais se aproximam. O fato de abrigarem, por excelência, documentos do gênero textual faz com que as técnicas de registro, formatos e suportes associados à palavra escrita também sejam predominantes em seus acervos, em detrimento daqueles que utilizam como linguagem o som, a imagem ou suas combinações. O divisor de águas, nesse quesito, está associado aos documentos que, desprovidos de linguagem, costumam ser equivocadamente chamados de tridimensionais. Os museus são o reduto desses objetos[15] – tanto os coletados na natureza quanto os fabricados

---

13. São os "documentos de nascença", conforme expressão utilizada por Marie-Anne Chabin em "Tout est archive" (*Je pense donc j'archive: l'archive dans la société de l'information*, Paris: L'Harmattan, 1999, pp. 37-69) para designar os documentos destinados, desde sua produção, a surtir efeitos probatórios; aos demais, reserva a autora a expressão "documentos de batismo".

14. A verificação das marcas de propriedade de um livro antigo e a pesquisa sobre a trajetória de custódia de determinado artefato (produzido ou não em escala industrial), por mais elucidativas que sejam, estão longe de constituir pré-requisitos para o seu adequado entendimento.

15. Se o gênero equivale à linguagem, os objetos, definidos por exclusão, seriam o contrário de literatura ou de réplica, como o termo latino *realia* exprime no campo da biblioteconomia (cf. Ana Maria Camargo, "Objetos em arquivos: algumas

pelo homem, artesanal ou industrialmente –, que só podem assumir a condição de documentos depois de submetidos a rigoroso processo de atribuição de sentido.

Por conta de seu contexto de produção[16], os documentos têm, no arquivo, outra característica que lhes é peculiar: a unicidade, atributo que decorre do fato de que cada um deles ocupa lugar específico no conjunto, mesmo quando é formalmente idêntico a outro[17]. Já a biblioteca, se possuidora de exemplares únicos (indicação que lhe serve também para estabelecer critérios de raridade, inaplicáveis aos arquivos), lida sobretudo com documentos publicados, destinados a múltiplos leitores. Quanto aos museus, dependendo da área que pretendem cobrir, podem ter em suas reservas técnicas documentos únicos e múltiplos.

Para que as características que os diferenciam não se percam, os acervos dessas instituições exigem, por fim, métodos próprios. E são os arquivos que demandam tratamento radicalmente distinto, na medida em que é preciso não apenas assegurar-lhes a estabilidade de sentido requerida pelo seu estatuto probatório, mas também preservar os vínculos originários que conferem autenticidade aos documentos[18].

---

reflexões sobre gênero documental". Em: Seminário Serviços de Informação em Museus, 1º, 25-26 nov. 2010, São Paulo. *Anais.* São Paulo: Pinacoteca do Estado, 2011, pp. 65-157).

16. Antonia Heredia Herrera afirma que o conceito de produção "supõe um fluxo documental que inclui tanto os documentos emitidos quanto os recebidos" (*op. cit.*, p. 41) e não vê cabimento na expressão "documentos produzidos e recebidos", tão comum entre nós.
17. Sobre essa qualidade, diz Heloísa Bellotto: "cada documento assume um lugar único na estrutura documental do conjunto (indissolúvel) ao qual pertence" (*Arquivística: objetos, princípios e rumos*, São Paulo: Associação de Arquivistas de São Paulo, 2002, p. 25).
18. Autenticidade (conceito que não deve ser confundido com o de veracidade) é a condição pela qual um documento dispõe dos requisitos necessários para que se estabeleça sua proveniência, seja no plano das coisas manifestas, como os sinais de validação que ostenta; seja no plano das "informações não verbais", como afirmou Angelika Menne-Haritz em "L'informatique aux archives: les expériences

A chave da abordagem é o contexto, e os procedimentos necessários para torná-lo operacional na classificação dos documentos envolvem o respeito a determinados princípios formulados pela arquivologia. Se bibliotecários descrevem o que veem, como observou Lidman[19], os arquivistas têm que procurar fora dos documentos a lógica sob a qual se deu sua acumulação no âmbito de determinada entidade, levando ainda em conta as variáveis que a passagem do tempo imprime a todo e qualquer processo. Além disso, a identificação de atividades rotineiras dentro de determinados contextos torna pertinente e adequada a abordagem serial, em detrimento da unitária. Vale mencionar, por último, perante diferenças tão acentuadas, a dificuldade de submeter os arquivos à mesma linha de padronização que se aplica, por exemplo, ao universo dos livros.

A ideia de que os centros de memória são um misto de arquivo, biblioteca e museu – e que extraem dessa mistura novas funcionalidades – não se esgota no inventário de suas afinidades e diferenças. É preciso verificar até que ponto constituem um espaço institucional realmente novo, o que implica verificar também em que medida seu aparecimento, no âmbito das organizações, reflete as profundas alterações ocorridas no mundo contemporâneo.

---

allemandes" (em: Oddo Bucci (ed.), *Archival science on the threshold of the year 2000: proceedings of the International Conference*, Ancona: University of Macerata, 1992), referindo-se à posição que ocupa na série de que faz parte e às relações que mantém com os demais documentos do arquivo. É essa natureza contextual que levou a autora a afirmar, em outro trabalho ("Access", *op. cit.*), que os arquivos "não podem ser lidos", à maneira dos livros, e sim compreendidos e interpretados.

19. Tomas Lidman, *Libraries and archives: a comparative study*, Oxford: Chandos Publishing, 2012, p. 50.

Bibliografia

BELLOTTO, Heloísa Liberalli. *Arquivística: objetos, princípios e rumos.* São Paulo: Associação de Arquivistas de São Paulo, 2002 (Scripta, 1).

_____. *Arquivos permanentes: tratamento documental.* 4. ed. Rio de Janeiro: Editora FVG, 2007.

BOONSTRA, Onno; BREURE, Leen; DOORN, Peter. *Past, present and future of historical information science.* 2. ed. Amsterdã: Data Archiving and Networked Service, 2006.

CAMARGO, Ana Maria de Almeida. "Objetos em arquivos: algumas reflexões sobre gênero documental". Em: Seminário Serviços de Informação em Museus, 1º, 25-26 nov. 2010, São Paulo. *Anais.* São Paulo: Pinacoteca do Estado, 2011.

CHABIN, Marie-Anne. "Tout est archive". Em: *Je pense donc j'archive: l'archive dans la société de l'information.* Paris: L'Harmattan, 1999.

CUNHA, Newton. *Dicionário Sesc: a linguagem da cultura.* São Paulo: Perspectiva/ Sesc SP, 2003.

DELMAS, Bruno. *Arquivos para quê?: textos escolhidos.* Trad. Danielle Ardaillon. São Paulo: Instituto Fernando Henrique Cardoso, 2010.

DESVALLÉES, André; MAIRESSE, François (ed.). *Conceitos-chave de museologia.* Trad. Bruno Brulon Soares e Marilia Xavier Cury. São Paulo: Icom Brasil/Armand Colin/Secretaria de Estado da Cultura de São Paulo, 2013.

HERRERA, Antonia Heredia. *Manual de archivística básica: gestión y sistemas.* Puebla: Benemérita Universidad Autónoma de Puebla/Archivo Histórico Universitario, 2013 (Formación Archivística).

LE BIS, Isabelle; VACHER, Béatrice. "Les vertus stratégiques de la discrétion des services documentaires: théories et illustrations". *Documentaliste: Sciences de l'Information.* Paris: 2006, v. 43, n. 3.

LE MAREC, Joëlle. "Les musées et bibliothèques comme espaces culturels de formation". *Savoirs: Revue Internationale de Recherches en Éducation et Formation des Adultes.* Paris: 2006, n. 11.

LIDMAN, Tomas. *Libraries and archives: a comparative study*. Oxford, UK: Chandos Publishing, 2012 (Chandos Information Professional Series).

MACNEIL, Heather. "The context is all: describing a fonds and its parts in accordance with the rules for archival description". Em: EASTWOOD, Terry (ed.). *The archival fonds: from theory to practice*. Ottawa: Bureau of Canadian Archivists, 1992.

MARTENS, Betsy van der Veer. "Approaching the anti-collection" – *Library Trends*. Baltimore: 2011, v. 59, n. 4.

MARTIN, Robert S. "Intersecting missions, converging practice". *RBM: A Journal of Rare Books, Manuscripts, and Cultural Heritage*. Chicago: 2007, v. 8, n. 1.

MENNE-HARITZ, Angelika. "Access: the reformulation of an archival paradigm". *Archival Science*. Holanda: 2001, v. 1.

_____. "L'informatique aux archives: les expériences allemandes". Em: BUCCI, Oddo (ed.). *Archival science on the threshold of the year 2000: proceedings of the International Conference*. Ancona: University of Macerata, 1992.

POULOT, Dominique. *Museu e museologia*. Trad. Guilherme João de Freitas Teixeira. Belo Horizonte: Autêntica, 2013 (Ensaio Geral).

RAYWARD, Boyd. "Electronic information and the functional integration of libraries, museums and archives". Em: HIGGS, Edward (ed.). *History and electronic artefacts*. Oxford: Clarendon Press, 1998.

SMIT, Johanna W. "O documento audiovisual ou a proximidade entre as 3 Marias". *Revista Brasileira de Biblioteconomia e Documentação*. São Paulo: 1993, v. 26, n. 1/2.

_____. "A informação na ciência da informação". *InCID: Revista de Ciência da Informação e Documentação*. Ribeirão Preto: 2012, v. 3, n. 2.

THOREL-CAILLETEAU, Sylvie. "La figure de l'employé de bureau". *Travailler*. Paris: 2002, n. 7.

TIMMS, Katherine. "New partnership for old sibling rivals: the development of integrated access systems for the holdings of archives, libraries, and museums". *Archivaria*. Ottawa: 2009, v. 68.

_____. *Arbitrary borders? New partnerships for cultural heritage siblings – libraries, archives and museums: creating integrated descriptive systems*. A thesis submitted to the Faculty of Graduate Studies of the University of Manitoba in partial fulfillment of the requirements of the degree of Master of Arts. Winnipeg: University of Manitoba/University of Winnipeg, 2007.

WAIBEL, Günter; ERWAY, Ricky. *Think globally, act locally: library, archive, and museum collaboration. Museum Management and Curatorship.* London: 2009, v. 24, n. 4.

ZORICH, Diane; WAIBEL, Günter; ERWAY, Ricky. *Beyond the silos of the LAMs: collaboration among libraries, archives and museums.* Dublin: Online Computer Library Center (OCLC), 2008.

O mundo mudou

Globalização, incerteza, acumulação flexível, desregulação econômica, enfraquecimento do Estado-nação – as tentativas de caracterizar o mundo pós-moderno sugerem algumas pistas importantes para compreender as mudanças ocorridas no âmbito das organizações e o surgimento dos centros de memória.

As lógicas contemporâneas

Um dos indícios mais notáveis dessas mudanças é a impressão de que os processos se aceleram e de que o tempo escapa à nossa percepção imediata. A metáfora utilizada por Pelbart[1] estabelece o contraste entre dois modos de navegar no tempo: acompanhando o rio, que flui do início ao fim, ou mergulhando em redemoinho turbulento e indeterminado. É como se a espessura do próprio tempo, consolidada na tripartição diacrônica entre passado, presente e futuro, se evaporasse por

---

1. Peter Pál Pelbart, "Tempos agonísticos". Em: Fernando Pessoa; Katia Canton (org.), *Sentidos e arte contemporânea: Seminários Internacionais Museu Vale do Rio Doce*, 2, Vila Velha, 2007. Rio de Janeiro: Associação Museu Ferroviário Vale do Rio Doce, 2007, p. 69.

completo, criando a ilusão de que estamos fora dele[2]. Uma temporalidade antes sucessiva, encadeada e direcionada parece ter sofrido, hoje, um verdadeiro achatamento. Castells chega a falar de um "tempo intemporal"[3], de uma espécie de presente eterno que usa a tecnologia para fugir dos contextos da existência temporal, e aponta para a fragmentação e a aceleração do tempo linear, que, em todos os domínios da atividade humana, o comprimem de modo a fazê-lo desaparecer.

Outro indício pode ser encontrado no fato de muitas das relações que vivenciamos não mais exigirem interação presencial. Determinadas comunidades se veem imediatamente afetadas por algo que ocorre em lugares distantes, o que compromete a visão convencional sobre a contiguidade entre causa e efeito. A compressão do espaço-tempo, a aceleração dos processos globais e o impacto de eventos sobre pessoas e espaços geograficamente afastados acabam criando a impressão de um mundo menor[4].

Se nosso universo cultural já incluía diferentes dimensões espaciais e temporalidades, como resultado das inovações relacionadas aos meios de comunicação e transporte (telefone, rede ferroviária, automóvel, avião), o mundo contemporâneo, além de multiplicá-las, fez com que coexistissem em diferentes sistemas de proximidade. O resultado foi o aparecimento de um novo tipo de nomadismo: "em vez de seguirmos as linhas de errância e de migração dentro de uma extensão dada, saltamos de uma rede a outra, de um sistema de proximidade ao seguinte"[5].

É a velocidade, ao fazer emergir o instantâneo e o imediato, que define o novo cenário. A partir dos eletroeletrônicos que estão na sala de estar da maioria das casas – controles remotos e outros

---

2. Cf. Paul Virilio, *Vitesse et politique*, Paris: Gallilée, 1977.
3. Manuel Castells, *A sociedade em rede*, São Paulo: Paz e Terra, 2009, p. 526.
4. Stuart Hall, *A identidade cultural na pós-modernidade*, Rio de Janeiro: DPA, 2006.
5. Pierre Lévy, *O que é o virtual?*, São Paulo: Editora 34, 1996, p. 23.

equipamentos –, Beatriz Sarlo[6] identifica uma nova sintaxe: não a da máquina fotográfica, que produz imagens fixas, mas aquela que procura registrar a passagem do tempo. A TV a cabo, a secretária eletrônica e o computador conectado à rede também concorrem para que se tenha uma comunicação em tempo real. Não se trata apenas da necessidade de mais imagens, mas da velocidade em que elas se sucedem, muitas vezes se sobrepondo umas às outras. O tempo passa a ter, segundo a autora, uma fluidez que não tinha antes.

Apelando para uma imagem forte, Pelbart refere-se à "explosão da flecha do tempo"[7]: abolida a ideia unívoca de caminho e trajetória linear, tradicionalmente associada ao tempo, o que se tem é uma multiplicidade de direções e sentidos, algo parecido com o rizoma temporal de que nos fala Deleuze, ou seja, uma rede que implica navegação multitemporal em fluxo aberto, como num hipertexto. Graças à revolução da informática, temos à nossa disposição, sob a forma de estoques de dados imediatamente acessíveis e remanejáveis, diferentes estratos de tempo que, colocados lado a lado num presente perpétuo, acabam também por abolir "o passado como passado".

Em busca da essência das mutações em curso, Pierre Lévy[8] chega ao fenômeno da virtualização, cujos efeitos se fariam sentir não apenas no nível da informação e da comunicação; os indivíduos, as empresas, os grupos sociais, a economia, a política – tudo se desprende do aqui e agora, como parte do longo processo que, bem antes da informatização e das redes digitais, já colocava a imaginação, a memória, o conhecimento e a religião como vetores de virtualização[9]. Com base em interesses comuns e afinidades, as pessoas se ligam por meio de

---

6. Beatriz Sarlo, *Tempo presente: notas sobre a mudança de uma cultura*, Rio de Janeiro: José Olympio, 2005, pp. 93-6.
7. Peter Pál Pelbart, *op. cit.*, p. 70.
8. Pierre Lévy, *op. cit.*, pp. 10-9.
9. A afirmação é de Michel Serres (*Atlas,* Paris: Éditions Juillard, 1994), ao discutir as condições de existência daquilo que não está em nenhum lugar.

sistemas telemáticos e formam comunidades virtuais, qualquer que seja o lugar em que estejam seus membros. O fenômeno leva, portanto, à desterritorialização, já que os espaços físicos deixam de ser a referência principal de nosso senso comum, em favor da onipresença, da simultaneidade e da distribuição irradiada de informações. Um bom exemplo é o hipertexto: ocupa todos os pontos da rede aos quais está conectada a memória digital onde seu código foi registrado, sem possuir, realmente, um lugar; e pode até ter um endereço, mas este é irrelevante e transitório ante as múltiplas versões, cópias e reproduções que seus leitores promovem ao sabor de diferentes sequências associativas. O fenômeno compromete também os padrões de sociabilidade, entendidos por uns como manifestação de individualismo radical e, por outros, como indício de reconfiguração da vida política.

Trata-se agora de considerar, em sua plenitude e para todos os efeitos, uma das dimensões da própria realidade: a das coisas em potencial. Este, aliás, o sentido último da virtualidade, conceito que, na linguagem comum, continua associado não apenas ao mundo eletrônico e digital, ao qual deve sua vulgarização, mas à aparente imaterialidade sugerida pelas metáforas empregadas pelos profissionais da informática (redes, espaços infinitos, fluxos, nuvens etc.). Retomaremos esse tema mais adiante, pela importância que assume na configuração dos centros de memória.

A nova face das organizações e do trabalho

Nômades e dispersas, as organizações contemporâneas estão submetidas a novas coordenadas de tempo e espaço. Seu centro de gravidade não é mais um conjunto de departamentos e postos de trabalho, mas o processo de gestão de seus membros em função de diversas exigências.

O fenômeno da virtualização é responsável também pelas mudanças que se observam na própria dinâmica entre o interior e o exterior das organizações. As relações entre o público e o privado, entre o individual e o coletivo, entre o subjetivo e o objetivo, para não mencionar aquelas de caráter específico, não mais correspondem a padrões convencionais. Se o trabalhador clássico, por exemplo, passava do espaço doméstico para o da organização, considerando-os como territórios descontínuos, hoje partilha recursos imobiliários, mobiliários e programas com a empresa para a qual presta serviços, desenvolvendo atividades de gestão conforme critérios pessoais (e não apenas institucionais). Uma jornada flexível de trabalho concorre para diminuir o tempo gasto em cada operação, além de otimizar os recursos disponíveis.

Ao extrapolar os limites físicos da unidade de produção, valendo-se dos computadores e das redes globais para pesquisar mercados e insumos, as empresas conseguem reduzir custos operacionais e encurtar prazos. O tempo, portanto, passa a ser um fator diferencial em relação ao andamento de outras empresas, redes, processos e produtos, pautando a própria dinâmica da sociedade. E na medida em que as novas tecnologias da informação possibilitam a descentralização das tarefas e a formação de redes interativas de comunicação em tempo real, seja entre continentes, seja no âmbito de um mesmo edifício, as pessoas dispõem de múltiplas possibilidades de vínculo com as organizações: como assalariados tradicionais, *freelancers*, membros de empresas associadas, clientes, fornecedores ou consultores esporádicos, mediante contratos de trabalho por tempo determinado, subcontratações e terceirizações.

No processo que determina a passagem do capitalismo industrial nacional para o capitalismo financeiro global, os padrões de eficácia e de organização da produção também se deslocam, como bem observou Pierre Veltz[10]: emerge uma espécie de individualismo moderno, que dá corpo à ideia de realização pessoal no mundo da empresa; as organizações em rede, de contornos cada vez mais fluidos, substituem as antigas organizações hierárquicas, cujas fronteiras eram traçadas com bastante nitidez; e, em lugar do planejamento, como ferramenta

---

10. Pierre Veltz, *Le nouveau monde industriel*, Paris: Gallimard, 2008.

de comando dos sistemas produtivos, tem-se agora uma competição permanente, interna e externa. Ainda que se possa afirmar que o taylorismo sobrevive na prática de determinadas organizações, tornou-se obsoleto como modelo de referência.

As novas tecnologias, de aplicação praticamente universal, propiciam a transformação das linhas de montagem típicas das grandes empresas em unidades produtivas flexíveis e facilmente programáveis, aptas a atender às variações do mercado. A chamada organização em rede[11] apresenta-se agora como sistema altamente dinâmico e aberto a inovações, em sintonia perfeita com os atributos de um capitalismo baseado na flexibilidade, no reconhecimento de seu caráter efêmero e na superação das noções tradicionais de espaço e tempo.

Com a crise do modelo corporativo baseado no gerenciamento funcional hierárquico, novos métodos de gestão passaram a ser valorizados, em razão de seus altos índices de competitividade e produtividade. Foi o que ocorreu com o sistema de fornecimento *just in time*, que reduziu estoques mediante entrega de peças e insumos no momento da solicitação, e com os padrões de controle de qualidade aplicados ao longo de toda a cadeia produtiva. O sucesso de algumas empresas (as montadoras japonesas, por exemplo) tornou-se objeto de análise e levou à formulação da chamada teoria da criação do conhecimento organizacional. Segundo Nonaka e Takeuchi[12], a vantagem competitiva de uma empresa sobre as concorrentes poderia ser identificada a partir de sua capacidade de criar novo conhecimento, difundi-lo e incorporá-lo a produtos, serviços e sistemas[13].

---

11. Manuel Castells, *op. cit.*
12. Ikujiro Nonaka; Hirotaka Takeuchi, *Criação de conhecimento na empresa: como as empresas japonesas geram a dinâmica da inovação*, Rio de Janeiro: Elsevier, 1997.
13. Para os autores, esse processo assume duas dimensões: a epistemológica, que supõe a mobilização do conhecimento tácito e do conhecimento explícito; e a ontológica, que distingue os diferentes níveis em que se posicionam as entidades criadoras do conhecimento (individual, grupal, organizacional e interorganizacional).

As incomensuráveis possibilidades de circulação instantânea e de compartilhamento de informações propiciadas pelas novas tecnologias aliam-se agora a um modelo de gestão que elege o conhecimento como recurso estratégico, emprestando-lhe o estatuto de conceito central no âmbito das teorias da organização e justificando o aparecimento de vasta e polêmica literatura. Trata-se da emergência de um sistema de acumulação em que a dimensão cognitiva e intelectual do trabalho se torna dominante, alterando a própria fisionomia do capitalismo[14].

Capitalizando conhecimentos

Entre os recursos produtivos de que dispõem as organizações para garantir sua continuidade, destacam-se, para além dos tangíveis ou materiais (bens físicos e financeiros como imóveis, maquinário, matéria-prima, produtos estocados, mão de obra), aqueles que se convencionou reunir sob o nome de capital intelectual. Os exemplos são muitos, apesar da dificuldade de submetê-los a mensuração: ativos de mercado, como marcas, clientes, negócios em andamento, franquias; ativos humanos, como *expertise*, criatividade, domínio de conceitos, habilidades; ativos de propriedade intelectual, como *know-how*, segredos industriais, *copyright*, patentes, *designs*; ativos de infraestrutura, como tecnologia, sistemas de informação, métodos gerenciais[15].

São esses bens que, *grosso modo*, aparecem identificados como conhecimentos no jargão empresarial[16]. Por efeito metonímico, os diferentes produtos (e não o processo) de *expertise*, habilidades e

---

[14]. Para Carlo Vercellone, o trabalho cognitivo e imaterial substitui o trabalho material como fonte mais importante de criação de valor, justificando o epíteto *capitalismo cognitivo* ("La thèse du capitalisme cognitif: une mise en perspective historique et théorique". Em: Gabriel Colletis; Bernard Paulre (ed.), *Les nouveaux horizons du capitalisme: pouvoirs, valeurs, temps*, Paris: Economica, 2008, pp. 71-95).

[15]. Maria Thereza Pompa Antunes, *Capital intelectual*, São Paulo: Atlas, 2008, p. 78.

[16]. O valor de tais conhecimentos não é julgado, portanto, pelos parâmetros universais das áreas acadêmicas, mas na estrita medida de sua utilidade para a organização.

experiência dos membros de uma organização, individual ou coletivamente considerados, assumem agora lugar proeminente na teoria administrativa, revestidos de inevitável tom pragmático.

Tais conhecimentos costumam ser classificados sob diferentes pontos de vista. Quanto à procedência, podem ser internos (criados e acumulados pelos próprios membros da empresa) ou externos (provenientes de outras fontes e disponibilizados pela *internet* e pela imprensa especializada). Quanto à visibilidade, podem ser explícitos (registrados e formalizados, de modo a permitir sua transmissão) ou tácitos (presos a experiências individuais, crenças e valores)[17], admitindo variantes como o *background* (parte da chamada cultura organizacional que, partilhada por número indeterminado de pessoas, cria laços de compromisso entre a empresa e seus membros)[18]. Quanto à escala de abrangência, podem recair sobre uma tarefa, um produto ou a organização como um todo.

No entanto, o que importa é identificar, de um lado, a estreita ligação entre os imperativos de sobreviver, crescer, inovar e manter um

---

17. Ao fundamentar tal dicotomia, Nonaka e Takeuchi (*op. cit.*) evocam a clássica obra de Michael Polanyi, *The tacit dimension* (London: Routledge and Kegan Paul, 1966), sobre a dimensão tácita do conhecimento.

18. Histórias, metáforas, visões e enunciados sobre a missão institucional são exemplos dessa cultura transmitida (cf. Ísis Paim (org.), *A gestão da informação e do conhecimento*, Belo Horizonte: Escola de Ciência da Informação, 2003, p. 9) e se assemelham às estruturas cognitivas e emocionais utilizadas habitualmente pelos membros da organização para perceber, explicar, avaliar e construir a realidade em que atuam profissionalmente (cf. Maria Lucia G. Dourado, *O tácito como conhecimento e seu modo de uso no labirinto organizacional contemporâneo*: estudo de caso da Microcity, tese de doutorado em ciência da informação, UFMG, Belo Horizonte, 2007). Maria Tereza Leme Fleury e Rosa Maria Fischer chamam a atenção para um conceito de cultura organizacional que desfruta de consenso entre os estudiosos: "conjunto de pressupostos básicos que um grupo inventou, descobriu ou desenvolveu ao aprender como lidar com os problemas de adaptação externa e integração interna e que funcionaram bem o suficiente para serem considerados válidos e ensinados a novos membros como a forma correta de perceber, pensar e sentir, em relação a esses problemas" (*Cultura e poder nas organizações*, São Paulo: Atlas, 2009, p. 20). A essa definição de Edgard Schein (*Organizational culture and leadership*, San Francisco: Jossey-Bass, 1992), costuma-se agregar a dimensão política que está sempre presente nos ambientes em que se exercem relações de dominação.

diferencial competitivo; e, de outro, a necessidade premente e contínua de mobilizar e adquirir conhecimentos de todo tipo. As organizações não mais escapariam dessa contingência: os conhecimentos são poderosos motores de inovação, e as entidades dispostas a compreender o mercado antecipam suas necessidades e desejos, propondo produtos e serviços mais adequados. Os mercados potenciais emergentes são, por sua vez, rapidamente identificados e apropriados; a orientação do mercado, induzida pela capacidade de a empresa absorver conhecimentos externos para desenvolver produtos novos, leva à criação de valor suplementar não apenas para o cliente, mas também para o conjunto dos seus membros, contribuindo, por exemplo, para a diminuição do custo final do produto e o aumento das vantagens que lhe foram atribuídas. No circuito assim simulado, em meio a um clima de contínuo aprendizado, a instituição certamente sairia fortalecida[19].

Pode-se afirmar que a lógica da capitalização dos conhecimentos é antiga e vem sendo empregada tanto pelo setor público quanto pelas entidades privadas. Não é outro o sentido do uso sistemático da estatística na área governamental, a partir do século XVIII, como ferramenta administrativa capaz de fornecer argumentos para a tomada de decisões e a definição de políticas: a reunião de informações pontuais e dispersas para compor quadros amplos, muitas vezes de caráter retrospectivo, evidencia relações e tendências antes imperceptíveis, produzindo conhecimento de inegável valor estratégico. Poderíamos ir mais longe ainda no tempo em busca da origem de determinadas práticas que, tendo se institucionalizado recentemente como parte integrante da teoria da administração ou mesmo como disciplina autônoma, sob o nome de gestão do conhecimento, não encontram consenso entre os autores em relação a suas matrizes históricas.

Para alguns, tudo teria começado com a publicação do livro de Frederick Taylor, *Princípios da administração científica*, em 1911, que sistematizou

---

19. Dominique Crié, "De l'extraction des connaissances au *knowledge management*", *Révue Française de Gestion*, Paris: 2003, v. 146, n. 5.

ideias que circulavam entre as empresas norte-americanas desde o último quartel do século XIX. A obra preconizava, entre outras coisas, a criação de uma estrutura organizacional que permitisse a especialização das atividades e a padronização de materiais e procedimentos, insistindo na racionalização como requisito essencial para que as empresas alcançassem melhores índices de produtividade. Ao taylorismo sucedeu o sistema criado por Henry Ford, que aperfeiçoou a linha de montagem com base em inovações técnicas e no *know-how* dos próprios operários. Nos anos 1940 despontaram propostas de modernização dos serviços administrativos que, associando organização e métodos (O&M), dotaram as empresas de fluxogramas e esquemas de divisão de trabalho até então inéditos. Tais iniciativas pretendiam atingir grandes volumes de mercadorias e sustentar baixos preços, caracterizando aquilo que os autores passaram a denominar Era da Produção em Massa.

Nas décadas seguintes, consagraram-se os modelos de administração por objetivos (inspirados em Peter Drucker), de administração estratégica (formulados por Igor Ansoff) e uma série de outras propostas que, em nome da eficiência, passaram a enfatizar o controle de gestão e a desenvolver atividades cada vez mais burocratizadas de planejamento, orçamento e avaliação. Abria-se caminho para a formulação de normas de qualidade e para o exercício de seu controle como ação rotineira no âmbito das organizações[20].

O sucesso das práticas gerenciais japonesas, focadas na satisfação do cliente e no trabalho em equipe, levou à criação dos chamados círculos de controle de qualidade, às relações de parceria com os fornecedores para aplicação do sistema *just in time*, à manufatura flexível e ao predomínio de operações com custos variáveis. Face às flutuações do mercado,

---

20. Na década de 1980, a International Organization for Standardization (ISO), federação dos organismos nacionais congêneres sediada na Suíça, criou normas técnicas reconhecidas como parâmetro para o comércio internacional. A partir de então, a gestão de qualidade ganhou *status* e normas próprias, cada vez mais difundidas no mundo das empresas.

as empresas tornaram-se cada vez mais competitivas. Passaram também a estimular a formação de comissões de fábrica, células de produção, grupos de melhoria contínua e outras modalidades de gestão participativa.

Com a intensificação do uso da informática, a partir da década de 1990, e o gradativo consenso em torno das vantagens advindas da capitalização dos conhecimentos, concede-se a esse processo – e em especial às atividades destinadas a acelerar e dinamizar seu compartilhamento no âmbito de uma organização – o estatuto de área disciplinar própria. A chamada gestão do conhecimento tornou-se, assim, objeto de vastíssima literatura, além de campo fértil para malabarismos conceituais[21]. Tornou-se também, entre os teóricos, a plataforma de sustentação dos centros de memória, que flertam com boa parte dos termos que lhe são caros: ativos (intangíveis e tangíveis), capital intelectual, comunidade de prática, cultura organizacional, *data mining*, *data warehousing*, gerenciamento de risco, gestão de conteúdo, inovação, inteligência competitiva, melhores (ou boas) práticas e significância, entre outros.

Bibliografia

ANTUNES, Maria Thereza Pompa. *Capital intelectual*. São Paulo: Atlas, 2008.

BARBOSA, Ricardo Rodrigues; PAIM, Ísis. "Da gerência de recursos informacionais à gestão do conhecimento". Em: PAIM, Ísis (org.). *A gestão da informação e do conhecimento*. Belo Horizonte: Escola de Ciência da Informação, 2003, pp. 7-31.

BAUMAN, Zygmunt. *Modernidade líquida*. Trad. Plinio Dentzien. Rio de Janeiro: Zahar, 2001.

_____. *Globalização: as consequências humanas*. Trad. Marcus Penchel. Rio de Janeiro: Zahar, 1999.

---

21. De acordo com o olhar irônico de alguns autores, a gestão do conhecimento corresponderia, num certo sentido, à reinvenção da roda (cf., por exemplo, Jean Michel, "Le knowledge management, entre effet de mode et (ré)invention de la roue", *Documentaliste: Sciences de l'Information*, Paris: 2001, v. 38, n. 3, pp. 176-86).

BUKOWITZ, Wendi R.; WILLIAMS, Ruth L. *Manual de gestão do conhecimento: ferramentas e técnicas que criam valor para a empresa*. Trad. Carlos Alberto Silveira Netto Soares. 2. ed. Porto Alegre: Bookman, 2002.

CASTELLS, Manuel. *A sociedade em rede*. Trad. Roneide Venancio Majer. São Paulo: Paz e Terra, 2009 (A Era da Informação: Economia, Sociedade e Cultura, 1).

CRIÉ, Dominique. "De l'extraction des connaissances au *knowledge management*". *Révue Française de Gestion*. Paris: 2003, v. 146, n. 5.

CRIVELLARI, Helena Maria Tarchi. "Gestão do conhecimento e codificação dos saberes: novas ferramentas para velhas concepções". Em: PAIM, Ísis (org.). *A gestão da informação e do conhecimento*. Belo Horizonte: Escola de Ciência da Informação, 2003.

DOURADO, Maria Lucia Goulart. *O tácito como conhecimento e seu modo de uso no labirinto organizacional contemporâneo: estudo de caso da Microcity*. Tese (doutorado em ciência da informação) – Universidade Federal de Minas Gerais, Belo Horizonte, 2007.

ERRO, Carmen; JAVIER CASPISTEGUI, Francisco. "Empresarios e historia empresarial: algunas claves para un mutuo acercamiento". Em: ERRO, Carmen (org.). *Historia empresarial*. Buenos Aires: Editorial Ariel, 2005.

FLEURY, Maria Tereza Leme; FISCHER, Rosa Maria (org.). *Cultura e poder nas organizações*. São Paulo: Atlas, 2009.

GOULART, Silvana. *Patrimônio documental e história institucional*. São Paulo: Associação de Arquivistas de São Paulo, 2002 (Scripta, 3).

HALL, Stuart. *A identidade cultural na pós-modernidade*. Trad. Tomaz Tadeu da Silva e Guacira Lopes Louro. 11. ed. Rio de Janeiro: DPA, 2006.

LÉVY, Pierre. *O que é o virtual?* Trad. Paulo Neves. São Paulo: Editora 34, 1996 (Trans).

MICHEL, Jean. "Le *knowledge management*, entre effet de mode et (ré)invention de la roue". *Documentaliste: Sciences de l'Information*. Paris: 2001, v. 38, n. 3.

Nonaka, Ikujiro; Takeuchi, Hirotaka. *Criação de conhecimento na empresa: como as empresas japonesas geram a dinâmica da inovação*. Trad. Ana Beatriz Rodrigues e Priscilla Martins Celeste. 13. ed. Rio de Janeiro: Elsevier, 1997.

Pelbart, Peter Pál. "Tempos agonísticos". Trad. Pascal Rubio. Em: Pessoa, Fernando; Canton, Katia (org.). *Sentidos e arte contemporânea: Seminários Internacionais Museu Vale do Rio Doce*, 2, Vila Velha, 2007. Rio de Janeiro: Associação Museu Ferroviário Vale do Rio Doce, 2007.

Polanyi, Michael. *The tacit dimension*. London: Routledge and Kegan Paul, 1966.

Rueda, Valéria Matias da Silva; Freitas, Aline; Valls, Valéria Martin. "Memória institucional: uma revisão de literatura". *CRB-8 Digital*. São Paulo: 2011, v. 4, n. 1.

Sarlo, Beatriz. *Tempo presente: notas sobre a mudança de uma cultura*. Trad. Luís Carlos Cabral. Rio de Janeiro: José Olympio, 2005.

Schein, Edgar. *Organizational culture and leadership*. 2. ed. San Francisco: Jossey-Bass, 1992.

Sennett, Richard. *The culture of the new capitalism*. New Haven/London: Yale University Press, 2006.

Serres, Michel. *Atlas*. Paris: Éditions Juillard, 1994.

Tessitore, Viviane. *Como implantar centros de documentação*. São Paulo: Arquivo do Estado de São Paulo, 2003 (Projeto Como Fazer, 9).

Valls, Valéria Martin. *Como fazer gestão do conhecimento a partir do arquivo*. São Paulo: Arquivo do Estado de São Paulo, 2004.

Veltz, Pierre. *Le nouveau monde industriel*. 2. ed. Paris: Gallimard, 2008.

Vercellone, Carlo. "From formal subsumption to general intellect: elements for a marxist reading of the thesis of cognitive capitalism". Trad. Peter Thomas. *Historical Materialism*. London: 2007, v. 15, n. 1.

_____. "La thèse du capitalisme cognitif: une mise en perspective historique et théorique". Em: Colletis, Gabriel; Paulré, Bernard (ed.). *Les nouveaux horizons du capitalisme: pouvoirs, valeurs, temps*. Paris: Economica, 2008.

Virilio, Paul. *Vitesse et politique*. Paris: Gallilée, 1977.

Vitoriano, Marcia Cristina de Carvalho Pazin. *Arquivos de organizações privadas: funções administrativas e tipos documentais*. São Paulo: arq-sp, 2012 (Instrumenta, 3).

Entram em cena
os documentos

Qualquer que seja o modelo de gestão adotado, as instituições procuram dar conta das mudanças ocorridas nas últimas décadas, face à globalização da economia e às novas formas de organização do trabalho. Com tal perspectiva, passam a enfatizar o emprego de estratégias que lhes propiciem, além de uma visão prospectiva e sistêmica do conjunto, um processo contínuo de aprendizado coletivo, de atenção a demandas externas e internas, de otimização do tempo e de tomada de consciência de seus valores culturais.

Até que ponto tais providências configurariam algo distinto do que sempre se praticou? É possível falar em um novo paradigma econômico e tecnológico baseado na informação? Consubstanciada em texto, som ou imagem e registrada em suportes extremamente tênues e sofisticados[1], a informação se apresenta abundante e multiforme, como reflexo inevitável do crescimento e da complexidade a que chegaram as organizações contemporâneas. Para alguns autores, urge considerá-la componente indissociável

---

1. Como assinalou Jacques Grimard em balanço que pretendia dar conta das mudanças observadas quanto à oferta e demanda de serviços arquivísticos no final do século passado (cf. "La pratique archivistique a trouvé une identité", *Archives*, Québec: 1993, v. 24, n. 3, pp. 3-12).

do processo de transformação do próprio sistema capitalista – desse capitalismo "altamente conectado"[2] em que os espaços (geográficos, sociais e organizacionais) se dilatam cada vez mais. Segundo outros, avessos à ideia de procurar rótulos diferentes para velhos conteúdos, nada é realmente novo nesse mundo globalizado, salvo a intensidade com que seus elementos se manifestam e a multiplicidade de relações possíveis entre eles.

Mas não se trata apenas de dar nomes adequados aos referenciais com que nos aproximamos de realidades cambiantes, cujo ritmo acelerado não permite enxergar os elementos de permanência e invariância que certamente possuem. Em poucas décadas passamos da *sociedade da comunicação* (expressão utilizada por Norbert Wiener, em 1947, ao caracterizar o impacto da cibernética no campo das relações sociais) para a *sociedade da informação*, termo que vigorou a partir da década de 1970, graças à obra de economistas e sociólogos interessados em sinalizar as mutações operadas na chamada *sociedade pós-industrial*, e foi recentemente substituído por *sociedade do conhecimento*. A que se deve a rápida obsolescência dessas metáforas[3] e em que medida são elas equivalentes? Philippe Breton[4] afirma que a mais recente delas é produto de um duplo deslocamento de sentido: de um lado, o conhecimento é assimilado à ciência (à tecnociência, mais precisamente); de outro, o conhecimento científico se reduz à informação[5].

---

2. Para Veltz (*op. cit.*), a informática em rede, o sistema financeiro e a fluidez do transporte de bens (a logística dos contêineres marítimos a que batizou de *internet* física) constituem processos que, combinados, concorrem para promover a desestabilização das organizações e dos seus trabalhadores.

3. Um instigante balanço dessas metáforas e seus pressupostos, desde o período pós-Segunda Guerra Mundial, é feito por Serge Proulx em "Interroger la métaphore d'une société de l'information: horizon et limites d'une utopie" (em: Yves Théorêt (ed.), *David contre Goliath: la Convention sur la protection et la promotion de la diversité des expressions culturelles de l'Unesco*, Montréal: Éditions HMH Hurtubise, 2008, pp. 99-124).

4. Philippe Breton, "La 'société de la connaissance': généalogie d'une double réduction", *Éducation et Sociétés*, Paris: 2005, v. 15, n. 1, pp. 45-57.

5. Para o autor, a cibernética seria a matriz da redução do científico ao informacional e, paralelamente, da integração da ciência e da técnica, até então com desenvolvimentos relativamente autônomos.

Poderíamos aplicar essas reduções semânticas ao centro de memória. É nele que os conhecimentos – isto é, os diferentes produtos da *expertise*, das habilidades e da prática acumulada dos membros de uma organização – assumem o papel de recurso estratégico, e isso significa mantê-los devidamente representados e disponíveis para uso imediato. A própria palavra memória, agora vinculada ao uso restrito que lhe emprestou a informática, deve ser entendida como repositório capaz de armazená-los.

Um acervo heterogêneo

Na medida em que são associadas ao capital intelectual das organizações onde são geradas, reunidas, armazenadas e acessadas por diferentes setores, as informações passam a constituir matéria-prima para a memória institucional (em sua acepção de depósito ou armazém). Sabemos que, quanto mais dinâmica a entidade, o que independe de seu porte ou de sua complexidade, mais sofisticados os recursos empregados para lhe assegurar sobrevivência e desenvolvimento. Mais premente também é a demanda por informações qualificadas. Como obtê-las? Uma vez reunidas, que tipo de acervo chegam a compor?

Embora não haja muita clareza sobre as matrizes que permitem às instituições reunir tais subsídios, podemos reconhecer pelo menos três: a da própria documentação por elas acumulada; aquela que se obrigam a fabricar, por não existir em seus arquivos; e, por fim, a que precisam obter a partir de fontes externas.

A primeira dessas categorias envolve os documentos de arquivo, que resultam do cumprimento de ações de natureza administrativa, pautadas todas pelo princípio da finalidade. Nesse espectro estão compreendidas atividades de planejamento, direção e execução de serviços, nos diferentes níveis de autoridade e responsabilidade em que se situam, em sistemas com maior ou menor grau de hierarquização, com maior ou menor percentual de trabalho imaterial e com maior ou menor presença de formas colaborativas de produção. Tais atividades ficam naturalmente registradas em atas, relatórios, projetos, folhas de pagamento, memorandos e outras espécies rotineiramente acumuladas pela entidade, servindo-lhe de fonte para subsidiar inúmeras questões.

No entanto, de tempos em tempos, a instituição tem necessidade de mobilizar informações que não logra alcançar, de forma direta e imediata, nos documentos preservados em seus arquivos. Precisa, por exemplo, correlacionar dados que se encontram dispersos em séries distintas. Precisa também obter coeficientes e percentuais a partir de variáveis de tempo e espaço; criar indicadores inteiramente novos, remodelando procedimentos e submetendo-os a outras fórmulas; e colecionar artefatos que evidenciam, na condição de mostruário de proporções muitas vezes inusitadas, a qualidade de seus produtos e a eficácia dos serviços prestados. A frequência com que tais situações ocorrem determina mudanças de O&M, introdução de programas informatizados para obtenção de relatórios especiais, aplicação de técnicas de história oral junto a funcionários, sondagem de opinião de parceiros e clientes e até mesmo criação de reservas técnicas, entre outras medidas.

Resta mencionar as informações de caráter jurídico, técnico e científico obtidas fora da própria organização e que, uma vez reunidas, apoiam suas atividades-meio e atividades-fim. Trata-se aqui de um conjunto de referenciais (livros, artigos, manuais e outras publicações) que, tendo por objeto realidades diversas, tratadas sob diferentes perspectivas e níveis de abordagem, supõem o acompanhamento assíduo da legislação, do comportamento do mercado, da política e da produção acadêmica.

Com matrizes tão distintas, esses elementos passam a conviver no centro de memória, formando um acervo que, além de ostentar aspectos próprios às modalidades de custódia exercidas por arquivos, bibliotecas e museus, operam ainda outro tipo de amálgama: colocam, no mesmo plano, dados, informações e arrazoados que possam concorrer, cada qual à sua maneira e em diferentes escalas, para a produção de conhecimentos úteis à instituição. Vale a pena refletir sobre tais características.

Conhecimentos ou documentos?

Até que ponto podemos definir o acervo de um centro de memória como *locus* de conhecimentos, acompanhando a tendência de conceder a eles importante papel como ferramenta gerencial? Às tentativas de formular uma definição que dê conta de sua funcionalidade no mundo organizacional somam-se aquelas que procuram transformar bens intangíveis em algo palpável, codificado, expresso em fórmulas e palavras, com o poder de conduzir as organizações a processos inovadores e de se incorporar às rotinas de trabalho. Abre-se assim um amplo painel em que os diferentes sentidos atribuídos ao conceito de conhecimento, cuja ambiguidade continua a justificar grande número de trabalhos científicos, tendem a desaparecer perante a ideia consensual de que o sucesso das organizações é consequência do domínio das informações que têm sobre si próprias e sobre o meio em que desenvolvem suas atividades. Um dos sintomas dessa ambiguidade é, por isso mesmo, tomar como equivalentes, colocando-os no mesmo patamar, conhecimentos e informações.

Para uma melhor caracterização dos centros de memória, deixaremos de lado, nesta discussão, os argumentos com os quais se reforçaram, no mundo acadêmico, as fronteiras entre dados, informações e conhecimentos. Em lugar de seus aspectos epistemológicos, interessa-nos vê-los aqui como fatores de produtividade, numa dimensão estritamente pragmática e voltada para o campo organizacional. Em termos simplificados, tais elementos ficariam distribuídos de modo escalonado, de acordo com seu grau de estruturação, autonomia e relevância: na base, as unidades brutas de caráter primário e secundário (dados e informações); no topo, a capacidade de lhes dar sentido (conhecimento). Há, aliás, perfeita simetria entre essas condições e as observadas nos ambientes em que, graças aos novos recursos tecnológicos, informações inseridas em plataformas distintas passam a fazer sentido, isoladas ou em combinações variadas, por meio de dispositivos estruturantes acionados por computador.

Vale lembrar, no entanto, que os dados, as informações e as diferentes tentativas de lhes dar sentido, seja para responder a questões pontuais, seja para promover a compreensão mais profunda de um processo, requerem sempre a mediação dos documentos, perdendo o caráter incorpóreo, volátil e impalpável que sugerem. É a essa materialidade que se refere Dominique Cotte quando define os documentos (em suporte papel ou em meio digital) como *espaços* sobre os quais se inscrevem signos que viabilizam sua comunicação[6].

Com diferentes graus de densidade informacional, fazendo uso de linguagens variadas e marcados por suas condições originárias, os documentos que integram o acervo de um centro de memória exprimem atributos, propriedades, relações, fatos e ideias de todo tipo. Seu denominador comum, no entanto, dos mais simples aos mais elaborados, dos extensivos aos intensivos[7], dos que se apresentam atrelados a fórmulas rígidas aos que são livres de restrições e limitações impostas pelo sistema jurídico, é servir de fonte para respaldar um sem-número de atividades.

Nesse sentido, ficam no mesmo plano os que desde sempre foram assim considerados, como os de arquivo, e os que a eles foram

---

6. Dominique Cotte, "Espace de travail et logique documentaire", *Études de Communication*, Lille: 2007, v. 30, pp. 25-38. Segundo o autor, documento e espaço são duas noções que estão naturalmente ligadas, e essa ligação se estende para as próprias atividades de arranjo e classificação, entendidas como busca de espaço idôneo para alocar documentos, tanto física quanto intelectualmente.

7. Vicenta Cortés Alonso utilizou essas categorias para designar os diferentes tipos de distribuição de informações nos documentos, retomando o critério exposto por Schellenberg em trabalho sobre avaliação de arquivos, originalmente publicado em 1956. Segundo o autor, os documentos podem conter: a) poucas informações sobre muitas pessoas, coisas ou fenômenos; b) muitas informações sobre poucas pessoas, coisas ou fenômenos; c) muitas informações sobre muitas pessoas, coisas ou fenômenos. Cf. Vicenta Cortés Alonso, "Transferencias y expurgos". Em: Antonia Heredia Herrera (ed.), *Archivística: estudios básicos*, Sevilla: Diputación Provincial de Sevilla, 1981, pp. 145-63.

equiparados por seu potencial informativo. Todos são passíveis de se converter em poderosos auxiliares da organização: para a tomada de decisões, para o acompanhamento de ações rotineiras, para a busca de antecedentes, para a consolidação de seu *know-how* e para o planejamento de médio e longo alcance.

Conferir aos documentos o papel nuclear que justifica sua existência é reforçar a posição instrumental que os próprios centros de memória ocupam em relação aos organismos a que se subordinam. Na condição de meios (e não de fins), os centros devem refletir mais a dinâmica que lhes é imposta pelas próprias organizações do que a suposta autonomia que muitos almejam.

Interfaces

Falta mencionar outro ângulo, com certeza o mais complexo, da necessária mediação entre beneficiários e documentos: como prepará-los para responder às questões que lhes serão colocadas?

Embora não tenhamos aqui a pretensão de abordar as possibilidades oferecidas hoje por bases de dados e sistemas de partilhamento especialmente desenvolvidos para atender a organismos complexos, mediante modelagem de informações e criação de ontologias, seria importante destacar a necessidade de um mapeamento constante das atividades da instituição para definir as categorias que conferem sentido aos documentos e permitem contextualizá-los adequadamente, para fins de consulta, pesquisa ou auditoria. O processo de identificação a que nos referimos não se ajusta com facilidade a padrões descritivos cuja validade universal, apesar de insistentemente estimulada, tem oferecido resultados duvidosos[8].

---

8. A obediência a padrões leva muitos profissionais a cometer erros e usar, como atenuante, o fato de terem cumprido à risca as *boas práticas* preconizadas. Angelika Menne-Haritz ironiza esse paradoxo, referindo-se às normas Isad(G) e EAD-DTD ("Access: the reformulation of an archival paradigm", *Archival Science*, Holanda: 2001, v. 1, pp. 57-83).

De qualquer modo, caberia aos centros de memória potencializar o acesso às informações de interesse da organização, operando de comum acordo com seus diferentes setores e procurando atender a todo tipo de demanda. Incursões retrospectivas, acompanhamento sistemático das atividades correntes da entidade e busca de subsídios em outros organismos seriam, assim, tarefas do seu dia a dia na formação de um acervo continuamente alimentado e avaliado.

O diferencial de um centro de memória estaria, portanto, em sua capacidade de antecipar e presumir as necessidades da organização, viabilizando acesso aos elementos que possam embasar respostas e soluções. Aos setores especializados da entidade, em contrapartida, competiria interpretá-los e, eventualmente, produzir conhecimentos que, apesar de seu caráter assertivo, se incorporariam em seguida ao centro de memória na condição de documentos, reafirmando a instrumentalidade que distingue todo e qualquer componente de seu acervo.

Bibliografia

BRETON, Philippe. "La 'société de la connaissance': généalogie d'une double réduction". *Éducation et Sociétés*. Paris: 2005, v. 15, n. 1.

CORTÉS ALONSO, Vicenta. "Transferencias y expurgos". Em: HERRERA, Antonia Heredia (ed.). *Archivística: estudios básicos*. Sevilla: Diputación Provincial de Sevilla, 1981.

COTTE, Dominique. "Espace de travail et logique documentaire". *Études de Communication*. Lille: 2007, v. 30.

DURANTI, Luciana. *Diplomática: usos nuevos para una antigua ciencia*. Trad. Manuel Vázquez. Carmona: S&C, 1996.

FORAY, Dominique. *L'économie de la connaissance*. Paris: La Découverte, 2009 (Repères).

GRIMARD, Jacques. "La pratique archivistique a trouvé une identité". *Archives*. Québec: 1993, v. 24, n. 3.

HARRIES, Stephen. *Records management and knowledge mobilisation*: a handbook for regulation, innovation and transformation. Cambridge: Chandos, 2012.

MENNE-HARITZ, Angelika. "Access: the reformulation of an archival paradigm". *Archival Science*. Holanda: 2001, v. 1.

PAIM, Ísis (org.). *A gestão da informação e do conhecimento*. Belo Horizonte: Escola de Ciência da Informação, 2003.

PAQUET, Philippe. *De l'information à la connaissance*. Orléans: Laboratoire Orléanais de Gestion, 2006 (Cahier de Recherche).

PARIS, Thomas; VELTZ, Pierre (dir.). *L'économie de la connaissance et ses territoires*. Paris: Hermann, 2010.

PROULX, Serge. "Interroger la métaphore d'une société de l'information: horizon et limites d'une utopie". Em: THÉORÊT, Yves (ed.). *David contre Goliath: la Convention sur la protection et la promotion de la diversité des expressions culturelles de l'Unesco*. Montréal: Éditions HMH Hurtubise, 2008.

SCHELLENBERG, T. R. *Modern archives: principles and techniques*. Chicago: The University of Chicago Press, 1956.

VELTZ, Pierre. *Le nouveau monde industriel*. 2. ed. Paris: Gallimard, 2008.

Os centros de memória hoje

A partir dos anos 1980 começam a surgir, no Brasil, os centros de memória, ligados a organizações públicas e privadas e também àquelas sem finalidade lucrativa, chamadas de terceiro setor. O cenário em que esse processo se dá é o da redemocratização do país, após duas décadas de autoritarismo, e o da privatização de inúmeros setores da área pública, inclusive daqueles até então considerados estratégicos, como os de energia, telecomunicações e mineração. Parte significativa do parque industrial brasileiro, cuja formação remonta aos anos 1950, passa para as mãos de grandes corporações multinacionais, que penetram até nos setores mais protegidos da economia, como o bancário. Há uma profunda reestruturação das empresas nacionais, e muitas delas conseguem estender sua ação por outros continentes. As marcas e os sintomas da globalização tornam-se, enfim, dominantes entre nós.

Embora não se disponha de dados mais precisos sobre o fenômeno, é possível atrelar o crescimento numérico dos centros de memória a certos elementos conjunturais que trazem à tona a necessidade de preservação da cultura e identidade das organizações. É o que acontece no caso de entidades incorporadas, privatizadas ou sob controle de empresas estrangeiras, como o Banco do Estado de São Paulo (Banespa), instituição criada em 1909 e vendida no ano 2000 ao Banco Santander, multinacional de origem espanhola.

A legislação brasileira admite a possibilidade de considerar de interesse público e social os arquivos de determinadas pessoas jurídicas de direito privado[1], mas são poucas as iniciativas do Estado no sentido de assumir sua custódia. Mesmo dispondo de um dispositivo legal inovador[2], que contempla os documentos produzidos por entidades privadas encarregadas da gestão de serviços públicos, equiparando-os àqueles gerados por organismos federais, estaduais e municipais em decorrência de suas funções administrativas, legislativas e judiciárias, o Estado brasileiro tem sido omisso nas políticas de preservação do seu patrimônio documental. Um bom exemplo desse descaso ocorreu com a Ferrovia Paulista S.A. (Fepasa), empresa estatal que unificava as estradas de ferro de São Paulo, cujo acervo se perdeu quando foi incorporada à Rede Ferroviária Federal S.A. (RFFSA) em 1998. Os documentos das empresas prestadoras de serviços de energia e saneamento de São Paulo tiveram destino melhor, a despeito de não se ter cumprido à risca a determinação legal: ficaram reunidos em entidade de direito privado, a Fundação Patrimônio Histórico da Energia de São Paulo, criada em 1998 e hoje nomeada Fundação Energia e Saneamento[3].

Apesar dos casos de negligência do poder público em relação a fontes de grande importância para o conhecimento do passado nacional, há hoje uma nítida consciência da necessidade de preservar a memória das organizações como parte significativa da própria memória da sociedade. Tal preocupação é visível não apenas em projetos acadêmicos

---

1. A lei n. 8.159, de 8 de janeiro de 1991, define em seu artigo 12: "Os arquivos privados podem ser identificados pelo poder público como de interesse público e social, desde que sejam considerados como conjuntos de fontes relevantes para a história e desenvolvimento científico nacional".
2. A mesma lei estipula (art. 7º, § 1º) serem "também públicos os conjuntos de documentos produzidos e recebidos por instituições de caráter público, por entidades privadas encarregadas da gestão de serviços públicos no exercício de suas atividades".
3. A fundação é qualificada, desde 2003, como Organização da Sociedade Civil de Interesse Público (Oscip).

empenhados em reabilitar a história institucional, antes associada à crônica política dos acontecimentos, mas também na iniciativa de contratar profissionais da área de história para realizar essa tarefa com empresas de todo tipo.

Se a memória é hoje pauta de uma série de reivindicações, em função dos dolorosos eventos que marcaram o século XX (genocídios, perseguições, regimes ditatoriais e outras tantas violações de direitos), transformou-se também em palavra de ordem[4], a que não ficaram indiferentes as organizações públicas e privadas. Modismo ou não, o fato é que os centros de memória passaram a ser alvo de interesse de clubes esportivos, universidades, escolas, igrejas, partidos políticos e sindicatos, entre outras entidades.

Breve diagnóstico

A fim de traçar um panorama dos centros de memória no Brasil, optamos por limitar nosso campo de observação às entidades (públicas e privadas) que, com no mínimo dez anos de existência e papel de destaque no cenário socioeconômico do país, preenchessem alguns requisitos, como ter objetivos explicitados, documentos disponíveis para consulta e produtos editoriais significativos (*sites*, exposições e publicações). Instituições como Bunge Brasil, Camargo Corrêa, Gol Linhas Aéreas, Itaú Unibanco, Unilever Brasil e Votorantim, cujos gerentes foram entrevistados, constituíram, ao lado de outras organizações também examinadas[5], o objeto deste diagnóstico.

---

4. Ulpiano T. Bezerra de Meneses procura caracterizar a efervescência atual da memória, analisando-a em sua dimensão epistemológica, técnica, existencial, política e socioeconômica (cf. "A crise da memória, história e documento: reflexões para um tempo de transformações". Em: Zélia Lopes da Silva (org.), *Arquivos, patrimônio e memória: trajetórias e perspectivas*, São Paulo: Editora Unesp, 1999, pp. 11-29).
5. Centro da Memória da Eletricidade, Centro de Documentação e Memória da Klabin, Centro de Documentação e Memória da Multibrás, Centro de Memória Bosch, Centro de Memória da Companhia Siderúrgica Belgo-Mineira, Centro de

Motivações

As motivações para implantar projetos ligados à memória organizacional são diversas, e sua vinculação original a determinadas áreas – comunicação, marketing, assuntos corporativos (ou relacionamento corporativo), relações públicas (ou relações externas) – acaba por marcar tais iniciativas. O ponto de partida costuma ser a necessidade de cuidar dos documentos desses setores e subsidiar suas atividades. Pode também corresponder a um momento de redefinição da identidade institucional, de seus produtos e suas marcas, ou ainda as datas comemorativas, que comumente provocam a reunião de fontes retrospectivas; as iniciativas, nesses casos, prendem-se diretamente à presidência, ao comitê de acionistas ou à fundação mantida pela entidade.

Como o planejamento das comemorações de datas emblemáticas fica, em geral, a cargo da área de comunicação, responsável pela criação de selos e produtos editoriais feitos mediante contrato com empresas ou profissionais especializados, é ali que nascem, muitas vezes, os projetos de memória da entidade. Mas não deixam de ocorrer outras circunstâncias, marcadas pela singularidade. Foi o que se passou com os funcionários sindicalizados da Petrobras, que procuraram registrar o papel que desempenharam na trajetória da organização; a empresa institucionalizou a iniciativa, reconhecendo sua importância não apenas como ferramenta de gestão e de relacionamento com os públicos de interesse, mas para valorizar a marca junto aos empregados e à sociedade. Outro exemplo é o do Centro de Documentação e Memória da Gol Linhas Aéreas, o único que centraliza o arquivo da organização e dispõe

---

Memória da Corn Products Brasil, Centro de Memória Gerdau, Espaço Memória do Grupo Pão de Açúcar, Fundação Energia e Saneamento, Memória dos Trabalhadores do Sindicato dos Metalúrgicos do ABC, Memória Globo, Memória Whirlpool (antiga Brasmotor), Núcleo de Cultura Odebrecht, Programa Memória Petrobras, Projeto dos 60 anos do BNDES, Projeto Memória da Fundação Tide Setúbal, Projeto Memória da Pfizer, Projeto Memória do Instituto C&A, Sesc Memórias e Vale Memória da Companhia Vale do Rio Doce.

de diretrizes e normas voltadas para o uso tanto do arquivo corrente quanto do histórico[6].

Nas empresas familiares, os conselhos e comitês de acionistas têm como motivação a ideia de preservar a imagem dos fundadores, contar sua história e transmitir valores às novas gerações, sobretudo nos processos de substituição de dirigentes ou quando se opta por uma gestão profissional. Já nos institutos e fundações do terceiro setor, os centros de memória surgem com o propósito de preservar os métodos de ação que deverão ser reproduzidos para outros públicos, em locais diversos.

Objetivos e missão

Nos *sites* dos centros de memória vêm explicitados seus objetivos, que fazem referência tanto aos documentos quanto ao patrimônio arquivístico e museológico a ser coletado, conservado, organizado e divulgado, interna e externamente. As expressões *resgate contínuo* e *pesquisa permanente*, usadas com frequência, denotam a consciência de que os chamados documentos históricos, importantes fontes de estudo, são produzidos no presente e seguem um fluxo natural que é preciso acompanhar. Mas há também objetivos menos ambiciosos, como os que propõem "a reunião do acervo de memória que estava disperso pelas unidades da empresa", os que almejam dar "apoio à comunicação, às relações públicas, ao marketing e aos recursos humanos da empresa" e os que se limitam ao público interno, no intuito de valorizá-lo e de demonstrar sua contribuição para o sucesso do empreendimento.

Sem mencionar documentos, alguns objetivos emprestam às informações os mesmos atributos, ou seja, a capacidade de exprimir a evolução histórica da instituição em diferentes setores, enfatizando a

---

6. A entidade foi criada em novembro de 2003 para registrar a memória da companhia de aviação, cuja operação se iniciara em janeiro de 2001. Nasceu ligada à Diretoria da Tecnologia da Informação e passou, posteriormente, à Diretoria de Comunicação Corporativa.

necessidade de promover seu gerenciamento e sua preservação, além de torná-las disponíveis. O centro de memória da Bunge, por exemplo, afirma trabalhar com informação e se considera instrumento de gestão ao promover a humanização das relações da empresa com a sociedade e, internamente, com seus próprios servidores; é nesse contexto social que justifica a construção de uma história. Para a Gol, a missão do centro de documentação e memória é, essencialmente, a de "produzir informações". A Unilever, por sua vez, dedica-se ao registro da trajetória da empresa por meio da organização das fontes documentais que permitem recuperá-la, valorizando os eventos, os momentos de mudança e as motivações que nortearam suas atividades. E as empresas de cunho familiar falam da necessidade de estabelecer um vínculo entre os diferentes períodos históricos, assinalando simbolicamente a comunicação entre as gerações.

O *resgate da história* tem justificativas diversas. O momento da aposentadoria do grupo inicial de funcionários fez com que o BNDES desenhasse um programa de comemorações, na passagem dos 60 anos, para difundir sua história e procurar demonstrar (ao público externo e, sobretudo, à nova geração que assumia o comando interno) o papel decisivo da instituição para o desenvolvimento nacional. Para a Petrobras, a história e a cultura da companhia são ferramentas de relacionamento e valorização da marca com o público interno e externo, e seu centro de memória atua com o objetivo de registrar o desenvolvimento tecnológico fomentado pela empresa e sua contribuição para o avanço científico do país. A Vale, empresa mineradora de origem brasileira, espera que sua história demonstre a manutenção de um elo fundamental entre o período estatal e o que se sucedeu ao processo de privatização ocorrido nos anos 1990, violentamente questionado pelos empregados. Nessa linha, a maioria das instituições privadas pesquisadas busca na história elementos que reforcem sua imagem como partícipes da comunidade, considerando o centro de memória importante ferramenta de integração.

A comunicação organizacional é outro eixo presente nesses projetos. Para o Grupo Pão de Açúcar, por exemplo, o centro de memória é um meio de comunicação com o mercado, por divulgar a saga de empreendedorismo e superação do fundador e as conquistas esportivas do último gestor da família. Para a Rede Globo, a história evidencia a integração da empresa com a comunidade, por meio da influência que seus produtos exerceram e continuam a exercer, destacando o papel dos fundadores e produzindo suas biografias.

A missão mais abrangente é proposta pela Votorantim, cujo centro de memória pretende ser referência internacional em políticas de preservação, contribuindo para a disseminação dos valores da empresa. Por meio da memória, a entidade espera exercer a chamada responsabilidade histórica e social, valorizando seus negócios e propiciando reflexão sobre o papel que desempenha no desenvolvimento do país. Visa ainda estimular a participação efetiva das comunidades ouvidas em seu projeto de história oral. A Votorantim chega a diferenciar o centro de documentação, que cuida do acervo e da pesquisa, de um núcleo educativo, que implementa ações de relacionamento com seus diferentes públicos e discute temas relativos à memória, preservação, comunicação, novas mídias e metodologia. A perspectiva é permitir a compreensão de sua trajetória no contexto do processo histórico brasileiro.

Equipes

As equipes que atuam nos centros de memória têm perfil variado. Se alguns deles possuem funcionários contratados, outros preferem delegar o trabalho a empresas especializadas, seja no âmbito da gestão de documentos, seja no da produção de livros, *sites*, exposições e outras iniciativas, limitando-se a fiscalizá-las.

Quanto à formação profissional, tais equipes são integradas, em sua maioria, por pessoas que cursaram história ou biblioteconomia. Mas observa-se também a presença de outros profissionais, como jornalistas, comunicadores, sociólogos e antropólogos. No centro de memória da Camargo Corrêa, hoje inativo, cabia ao antropólogo pensar e registrar as mudanças que as intervenções da empresa provocaram em vários pontos do país, a exemplo das radicais transformações decorrentes de projetos de implantação de hidrelétricas.

A ausência de arquivistas pode ser explicada não apenas pela carência de cursos de graduação em arquivologia em São Paulo[7], onde está sediada a maior parte dos centros de memória brasileiros, mas também pela preferência por profissionais que, tendo formação humanística e experiência de pesquisa, procuram completar seus conhecimentos na área recorrendo a modalidades de especialização, aperfeiçoamento e treinamento oferecidas por algumas instituições[8]. Em outras palavras, além de admitirem a importância dos princípios arquivísticos no trato com os documentos, seja pela necessidade de abordá-los em seu contexto de produção ou de mantê-los organicamente relacionados entre si, os centros de memória têm valorizado equipes com formação interdisciplinar. Muitos deles, inclusive, promovem encontros e cursos, abertos a todos os interessados, para discutir problemas de gestão de documentos, políticas patrimoniais e procedimentos metodológicos.

Acervos

Os documentos naturalmente reunidos pela instituição no cumprimento de determinadas funções – em geral aquelas que se encarregam de veicular seus produtos e serviços, como propaganda, marketing,

---

7. Somente o Departamento de Ciência da Informação da Faculdade de Filosofia e Ciências da Universidade Estadual Paulista (Unesp) mantém tal curso, em Marília.

8. Vale lembrar, por sua qualidade, o curso de Especialização em Organização de Arquivos, promovido pelo Instituto de Estudos Brasileiros da Universidade de São Paulo (IEB-USP) de 1986 a 2007; o curso de Introdução à Política e ao Tratamento de Arquivos, extensão anualmente oferecida pela Pontifícia Universidade Católica de São Paulo (PUC-SP) desde 1990; e as oficinas do projeto Como Fazer, da Associação de Arquivistas de São Paulo, com mais de oitenta edições desde 1999.

comunicação corporativa – constituem, por assim dizer, o embrião dos centros de memória. O que se observa, no entanto, é a formação de conjuntos heterogêneos, nos quais se percebem as marcas de seleções feitas anteriormente, a partir de critérios variados.

Há documentos de todos os gêneros: textuais, audiovisuais, sonoros, iconográficos, além de objetos e artefatos. No caso de organizações que produzem para o varejo, o centro de memória costuma incorporar embalagens e material de divulgação e propaganda de diversos tipos e formatos[9]. Mas há também documentos representativos de outras atividades: maquetes e plantas; boletins de circulação interna; relatórios de prestação de contas; relatórios de sustentabilidade; troféus, medalhas e placas de homenagem; notícias e reportagens fotográficas relacionadas a eventos importantes.

Se de algumas espécies existem séries contínuas e quase sem lacunas, de outras encontramos um ou outro exemplar: antigos livros contábeis, máquinas de escrever e calcular, peças de mobiliário e outros objetos de valor simbólico ou afetivo, escolhidos para testemunhar uma época ou um *modus faciendi*.

Nos centros pesquisados é comum haver documentos que, provenientes da chamada história oral, criam panoramas sobre a gênese da organização e sobre situações emblemáticas por ela vivenciadas, como a implantação de áreas e frentes de trabalho, o desenvolvimento de certos produtos e tantas outras. Além do depoimento concedido, o entrevistado muitas vezes doa documentos que guardou consigo, agora revestidos de caráter histórico. Na perspectiva das instituições, os programas de história oral se justificam, em grande parte, como recurso para mobilizar o senso de união e pertencimento de funcionários e colaboradores.

Cabe mencionar, finalmente, a presença de documentos de caráter técnico e especializado, que servem de apoio às atividades da

---

9. Cartazes, faixas de gôndola, *wooblers*, *banners*, documentários, filipetas, *outdoors* e brindes promocionais, entre outros.

organização: ensaios, teses, artigos científicos, sondagens de opinião, indicadores econômicos, coletâneas de legislação, informes e muitos outros.

A média quantitativa dos acervos dos centros de memória examinados é de 100 a 200 mil documentos, incluindo todos os gêneros. Seu tratamento conheceu, recentemente, os benefícios da informática e da digitalização, embora não se tenha alcançado um patamar descritivo que atenda às características peculiares do material acumulado e colecionado, nem que possa responder às demandas imediatas das organizações a que se vinculam.

Políticas de acervo

Os centros de memória enfrentam dificuldades para criar uma política sistemática de recolhimento de informações e documentos sobre as atividades da organização. É unânime a queixa dos gestores de que normas e procedimentos não têm sido formalmente estabelecidos, ou seja, não há rotinas a serem seguidas. Mesmo quando se estabelece um regime de colaboração entre as diversas áreas, a cada mudança de gerência o elo se quebra, interrompendo o processo.

A reunião de informações de interesse da organização – o chamado *clipping* – é, em geral, feita a partir da consulta diária a boletins que sistematizam matéria veiculada em diferentes meios de comunicação. Trata-se de serviço externo contratado, mas que poderia, também, ser prestado pelos centros de memória, por meio de agentes especializados que se anteciparam às demandas da entidade.

Uma tarefa contínua dos centros é sensibilizar as áreas de interesse, investindo no diálogo e na explicação das metas e resultados do trabalho que realizam. Às vezes é preciso refrear o recolhimento de documentos, por problemas de espaço ou falta de pessoal para descrevê-los com a necessária rapidez, o que pode parecer contraditório em relação à costumeira resistência dos setores em se desfazer do material que acumulam. A questão é que muitos técnicos olham com desconfiança a iniciativa de centralizar informações e documentos[10] num organismo cuja longevidade institucional sequer consideram garantida. Pode-se afirmar, portanto, que não existe uma verdadeira política documental nas organizações analisadas. O recolhimento praticado tem sido, na verdade, fruto do conhecimento que os centros de memória têm das atividades de cada um dos seus setores e do tipo de material que produzem.

Alguns centros de memória conseguem destacar, nas diferentes áreas da organização, agentes capazes de identificar documentos e informações. A estratégia funciona nos setores que mais utilizam o acervo: comunicação e marketing, recursos humanos e assuntos jurídicos. Mas de tempos em tempos é preciso restabelecer essa modalidade de cooperação, num verdadeiro *trabalho de formiga*, como a ele costuma se referir a equipe responsável pelo centro.

Convém lembrar que a implantação dos centros se fez, na maioria dos casos, a partir de amplo diagnóstico dos documentos dispersos pela instituição e por meio de investidas de caráter salvacionista. Assim, foram exemplares as ações do Centro de Documentação e Memória da Bunge e do Centro de História da Unilever. O primeiro começou enviando sua equipe às 44 unidades industriais da empresa para localizar e identificar material de memória, pesquisa que durou quase três anos; e, apesar de consolidado, mantém até hoje contato permanente com as áreas para explicar o que é o centro de memória, quais as suas funções, que documentos lhe interessam e como encaminhá-los. Quanto à

---

10. Nem todos os documentos de natureza técnica têm valor jurídico, razão pela qual não eram normalmente encaminhados para o arquivo da instituição. Como a ISO 9000 estabeleceu parâmetros de qualidade para as organizações, os documentos comprobatórios da aplicação desses procedimentos passaram a ser objeto de auditoria, justificando sua descrição (cf. Marcia Cristina de Carvalho Pazin Vitoriano, *Obrigação, controle e memória: aspectos legais, técnicos e culturais da produção documental de organizações privadas*, tese de doutorado em história social, USP, São Paulo, 2011, pp. 79-82).

Unilever, na fase de implantação do Centro de História, a equipe constatou significativas lacunas em relação às empresas e marcas adquiridas das multinacionais que não eram fundadoras. O trabalho de constituição do acervo foi feito praticamente fora da empresa, em arquivos, bibliotecas, escritórios de *design*, agências de publicidade e com antigos funcionários, fotógrafos, colecionadores e antiquários.

Produtos

O *site* é o produto mais comum do centro de memória, e o que lhe dá maior visibilidade. Com o passar do tempo, deixou de ser uma janela do *site* principal da organização para ganhar vida própria. Alguns permitem acesso a depoimentos de história oral, reportagens, notícias e documentários, valendo-se de múltiplas linguagens; outros chegam a disponibilizar o uso de bancos de dados para o público externo.

No *site* figura, quase sempre, uma linha de tempo que demarca as datas mais significativas da trajetória da organização, dentro de contextos que lhes conferem significado: a história do setor, do Brasil e do mundo, com ilustrações, animações e dispositivos lúdicos que a tornam atraente. Esse resumo, em geral, tem equivalente em prospecto impresso ou em documentário audiovisual, utilizados para fins de divulgação externa ou no processo de integração de novos funcionários.

As exposições de conteúdo histórico são presença importante nos centros de memória. Quando dotadas de recursos interativos acabam por se transformar em uma espécie de sala de visitas para o público interno e externo, sendo posicionadas em espaços nobres. A exposição permanente do Centro de Memória Itaú Unibanco, no saguão de sua sede administrativa, é um bom exemplo, inclusive por mostrar a história das duas organizações e abordar a temática da fusão, que deu origem a um dos maiores bancos do mundo.

Além de informar e entreter, tais mostras cumprem o objetivo de contextualizar a história da instituição no espaço e no tempo, em relação direta com a comunidade para a qual tem relevância. Há exposições itinerantes, montadas em caminhões-baú ou remontadas em cada unidade que as recebe; outras se resumem a painéis e vitrines que, renovados, fazem as vezes de mural ou jornal do centro de memória, informando sobre novos documentos e conteúdos tratados; há ainda mostras virtuais que podem ser visitadas no *site* da entidade, geralmente destinadas ao público escolar.

Quando outra instituição, fora da área de influência do centro de memória, fala de seu acervo, há uma valorização espontânea da organização e do papel que desempenha na comunidade. Um bom exemplo é o do Espaço Perfume, criado pelo Grupo Boticário e pela Faculdade Santa Marcelina, em São Paulo, dedicado à história da perfumaria nacional e estrangeira, com mais de quinhentas peças históricas, entre objetos originais e réplicas de vários fabricantes.

Outro produto importante são os museus (virtuais ou não) de recorte temático, voltados para as atividades e a trajetória da organização. O Museu da Vale, localizado em Vitória, no Espírito Santo, tem um diferencial interessante: na medida em que discute os conceitos de patrimônio, preservação e memória, valoriza a importância dos indivíduos e dissemina a ideia de que a história é o resultado da ação de cada um de nós.

Alguns centros redigem notícias ou têm colunas fixas em boletins, jornais ou revistas da organização, nos quais divulgam suas atividades, falam do acervo, buscam sensibilizar a comunidade para a coleta de documentos e informações e chegam a problematizar o conceito de memória. O mesmo acontece nos murais digitais e nas redes de televisão corporativa. O Centro de História da Unilever, por exemplo, elaborou uma série de programas destinados a seu canal interno de TV, abordando comportamentos e hábitos de consumo da sociedade a partir de antigos comerciais da empresa.

Os livros institucionais são o produto editorial clássico de toda organização. Escritos geralmente em mais de uma língua e bem ilustrados, funcionam como veículo de divulgação de seus produtos para clientes e parceiros internos e externos. Fruto de pesquisa nos arquivos da empresa e em outros acervos, tais obras costumam aliar rigor acadêmico e linguagem despretensiosa, a fim de garantir proximidade com um público mais amplo. Alguns centros de memória também editam livros temáticos que são comercializados. O Centro de Memória da Rede Globo, por exemplo, lançou vários títulos, todos baseados em seu acervo[11].

O caderno de pesquisa é outra modalidade de produto editorial, com conteúdos temáticos desenvolvidos pelos centros de memória. Algumas dessas publicações percorrem a história de importantes setores econômicos do país, como os cadernos *História & Energia*, editados em nove volumes, entre 1986 e 2001, por iniciativa da Fundação Energia e Saneamento e suas antecessoras, com base nos arquivos da antiga São Paulo Tramway, Light and Power. O Centro de Memória da Petrobras, por sua vez, formulou projetos de pesquisa sobre a memória das famílias dos trabalhadores e dos patrocínios culturais realizados pela empresa.

De caráter mais lúdico e voltados para outro público, o álbum de figurinhas e o almanaque (com textos curtos e ilustrações típicas) já foram usados como veículo para expor trajetórias institucionais. Os depoimentos de líderes, clientes e colaboradores, em linguagem textual, sonora ou audiovisual, também são convertidos em importante produto dos centros de memória, com consulta franqueada em *sites* ou publicações, alcançando dimensões que ultrapassam a da própria história corporativa, como é o caso da Votorantim e da Petrobras.

Na medida em que a implantação de centros de memória se converteu, entre nós, em objeto de reflexão e compartilhamento de

---

11. *Dicionário da TV Globo* (Zahar, 2003); *Jornal Nacional: a notícia faz história* (Zahar, 2004); *Almanaque da TV Globo* (de Marcel Souto Maior, Editora Globo, 2006); *Entre tramas, rendas e fuxicos* (Editora Globo, 2008), sobre a história do figurino na dramaturgia; *Autores: histórias da teledramaturgia* (Editora Globo, 2008); e as biografias de Roberto Marinho (de Pedro Bial, Zahar, 2004) e de seu pai, Irineu Marinho (de Maria Alice Rezende de Carvalho, Editora Globo, 2013).

experiências, ensejou também a produção de cursos, seminários, fóruns de discussão e publicações de cunho metodológico. A Bunge, a Votorantim e o Sesc SP passaram a incluir em sua programação a abordagem de temas como patrimônio, conservação, tratamento documental e informatização, abrindo cursos, palestras e seminários para os interessados que atuam ou desejam atuar na área documental. As Jornadas Culturais promovidas pela Bunge a partir de 2004 perfazem cerca de sessenta eventos. O Centro de Memória Votorantim organizou, desde 2010, seis seminários internacionais, focalizando, entre outros assuntos, a gestão do conhecimento, a memória e a história. Os Encontros Sesc Memórias, por meio de palestras, oficinas, painéis e cursos mensalmente realizados desde 2009, percorrem temática similar e, graças ao interesse do público, passaram a ser oferecidos desde o segundo semestre de 2012. Há que mencionar, por fim, a publicação feita pelo Itaú Cultural em 2013: *Centros de memória, manual básico para implantação*.

Acesso e uso

A maioria dos *sites* dos centros de memória expõe dados de história institucional, ilustrando-os com reportagens fotográficas, anúncios, comerciais e outros documentos. De acordo com o processamento técnico a que foi submetido seu acervo, alguns permitem consulta a banco de dados e a material digitalizado. Exposições virtuais, linhas do tempo, publicações eletrônicas e outros produtos oferecem conteúdo para pesquisas de diferentes níveis, atendendo a demandas escolares e universitárias. Em contrapartida, há organizações que não investem no *site* como espaço de pesquisa, preferindo franquear o acervo à consulta presencial, mediante agendamento prévio.

Os usuários internos dos centros de memória são, prioritariamente, os setores de comunicação corporativa, propaganda e marketing. O departamento jurídico também recorre a eles quando precisa instruir processos contra o uso indevido de marcas, por exemplo. Se o centro funciona como arquivo corrente da entidade, como o da Gol, presta serviços também à área de recursos humanos.

A base de dados costuma ser acessível ao público interno, mas raras vezes é consultada diretamente, sem a mediação do "pessoal da memória". Nas grandes organizações a média de consulta é ainda muito baixa (cerca de três por dia). Alguns centros, como fazia o da Camargo Corrêa, encarregam-se de fornecer à área de comunicação os dados básicos para a elaboração de relatórios institucionais, demonstrando de modo cabal sua capacidade de produzir informação qualificada e de apresentar uma visão retrospectiva e panorâmica dos negócios da empresa.

Quanto à abertura do acervo para consulentes externos, observa-se alguma indecisão dos centros de memória sobre o tipo de material que será franqueado. Embora todos tenham a perspectiva de atender a esse tipo de demanda, não há clareza em relação a direitos autorais, de imagem e de propriedade industrial. Até que ponto fotos antigas, sem identificação de autoria, podem ser exibidas livremente? As pessoas retratadas (e, em especial, as crianças) têm direitos sobre sua imagem? Os comerciais feitos por artistas conhecidos precisam de seu aval quando utilizados em produtos editoriais comemorativos? Há diferenças entre o uso institucional, acadêmico, publicitário ou editorial de um mesmo documento? Não existem respostas precisas a tais questões.

A Unilever, por exemplo, abriu um inusitado canal de comunicação para responder a perguntas ligadas a sua trajetória institucional: é o Serviço de Atendimento ao Consumidor (SAC) que se encarrega de repassá-las à equipe do Centro de História. A Bunge, por sua vez, teve papel pioneiro na abordagem do problema dos direitos autorais: elaborou o *Manual prático de propriedade intelectual*[12], ferramenta para

---

12. Elaborado pelo escritório Patrícia Peck Pinheiro Advogados, com base na legislação de âmbito nacional (Constituição Federal, Lei de Direitos Autorais, Lei de

uso interno que, disponível na *internet* aos interessados, tornou-se importante referência no assunto. De qualquer modo, não se conseguiu ainda estabelecer um relacionamento regular entre o público acadêmico (estudantes de graduação e pesquisadores já formados), cujos interesses parecem convergir para as áreas de propaganda e marketing, e os centros de memória, cada vez mais presentes em eventos e projetos que discutem história econômica, história empresarial e políticas de preservação e tratamento do patrimônio documental das organizações. Tem sido bastante expressiva, aliás, a participação de profissionais que integram a Rede de Centros de Memória Empresarial[13] em congressos promovidos por entidades de caráter científico, como a Associação Brasileira de Pesquisadores em História Econômica (ABPHE)[14], que tem por objetivos, entre outros, identificar e preservar fontes documentais de interesse para sua área de atuação.

A interface com a pesquisa estimula também uma série de iniciativas voltadas para a reunião de material sobre empresários e outras figuras de destaque na história das organizações. A valorização de seus depoimentos e arquivos corresponde ao esforço que as instituições de ensino superior têm feito para produzir matéria-prima que estimule reflexões e análises diversas, a exemplo da Faculdade de Economia, Administração e Contabilidade da Universidade de

---

Propriedade Industrial e Código Civil) e internacional (Convenções de Berna, Genebra e Paris, e o *Digital millennium copyright act* dos Estados Unidos da América), além de normas técnicas (NBR 6023/2000, da ABNT), o manual é complementado pelo texto *Sistema de recomendação de risco*, que permite avaliar as restrições de uso de documentos.

13. Grupo formado em 2009 para discutir problemas comuns. Dele fazem parte, entre outros, os centros de Bunge, Unilever, Votorantim, Bosch, Itaú Unibanco, Klabin, Globo, Petrobras e Gol.

14. A ABPHE congrega economistas, historiadores, cientistas sociais e outros estudiosos. Fundada em São Paulo em 1993, mantém a revista *História Econômica & História de Empresas* e realiza regularmente o Congresso Brasileiro de História Econômica e a Conferência Internacional de História de Empresas.

São Paulo (FEA-USP), com os projetos *História empresarial vivida*[15], de 1985, e *Pioneiros & empreendedores*[16], de 2001; e da Fundação Dom Cabral (FDC), de Belo Horizonte, com a proposta de uma série de biografias de *Grandes empreendedores brasileiros*[17], de 2013.

Construindo uma imagem

Ao justificar sua importância e, consequentemente, formular objetivos e pleitear recursos, os centros de memória lançam mão de inúmeros argumentos.

O primeiro deles é o do *fortalecimento da identidade*. Muitos acreditam que o centro de memória, ao trazer à tona as escolhas feitas e os caminhos percorridos pela instituição a que se vincula, é capaz de evidenciar sua identidade. Trabalhar a memória seria, portanto, uma forma de fortalecê-la e consolidar os valores que propaga, contribuindo para fixar os elementos que a distinguem.

Se o sentido de identidade é uma espécie de contraponto da fluidez típica do mundo contemporâneo, como admitem alguns, teria também o dom de estabelecer laços de pertencimento e de aproximar grupos em torno de um passado comum. O centro de memória seria responsável, nesse sentido, por criar fatores de coesão e ajudar a construir e legitimar, ante os diversos públicos com os quais a instituição se relaciona, uma verdadeira cultura organizacional.

Nessa linha de argumentação posicionam-se os entusiastas dos projetos de história oral, que pretendem, por meio de depoimentos e

---

15. Coordenado por Cléber Aquino, o projeto colheu depoimentos de empresários brasileiros bem-sucedidos e resultou em cinco volumes, publicados pela *Gazeta Mercantil* entre 1987 e 1991.
16. De autoria de Jacques Marcovitch, o livro, publicado em três volumes entre 2003 e 2007 (coedição de Edusp e Saraiva), traz as biografias contextualizadas de líderes de alguns dos principais grupos econômicos brasileiros.
17. O primeiro livro da coleção (Editora Elsevier) focalizou a trajetória e o pensamento do empresário Alair Martins do Nascimento.

outras técnicas, reunir dados sobre a experiência das pessoas e, ao mesmo tempo, valorizá-las e comprometê-las com a trajetória da organização. Em vez de buscar um sentido no processo vivenciado ao longo do tempo, a história funcionaria como ponto de referência a partir do qual as pessoas redescobrem valores, reforçam vínculos atuais e manifestam expectativas em relação ao futuro[18]. A construção de uma história comum faria com que os empregados se sentissem protagonistas das realizações, dos bens, dos serviços e da própria sustentação dos empreendimentos[19].

Os centros de memória aparecem também como fiadores da *responsabilidade histórica*. Tal argumento está ligado à ideia de que as organizações não são apenas produtoras de bens e serviços, mas também de significados socioculturais. Nessa perspectiva, é preciso que elas se legitimem e se mostrem abertas e transparentes quanto aos impactos que suas atividades tiveram e têm no meio ambiente e na sociedade. Num mundo interconectado e que assiste à forte concentração de corporações, cresce a consciência sobre a necessidade de uma nova lógica de produção e consumo, diretamente ligada à sobrevivência das pessoas e do planeta.

Às organizações cabe gerir com equilíbrio questões de natureza econômica, social, ambiental e cultural, colocando-se num patamar de sustentabilidade. Trata-se de um novo valor, cujos requisitos – o ecologicamente correto, o economicamente viável, o socialmente justo e o

---

[18]. Karen Worcman trabalha com tal perspectiva em "Memória do futuro: um desafio" (em: Paulo Nassar (org.), *Memória de empresa: história e comunicação de mãos dadas, a construir o futuro das organizações*, São Paulo: Aberje, 2004, pp. 23-4). O Museu da Pessoa, fundado por ela em 1992, tem "como desafio permanente devolver, tanto para as empresas como para a sociedade em geral, a função estratégica e transformadora que a história possui".

[19]. Para Paulo Nassar, essa visão parte do pressuposto de que o empregado é sujeito do processo de comunicação, e não apenas um receptor passivo (*Relações públicas na construção da responsabilidade histórica e no resgate da memória institucional das organizações*, São Caetano do Sul: Difusão Editora, 2008, p. 24).

culturalmente aceito – entram no rol do que se tem considerado como responsabilidade histórica. Tal conceito, desenvolvido por Paulo Nassar, tem natureza sistêmica e cobre todo o período de existência da organização, cuja credibilidade decorre do cumprimento de suas responsabilidades numa perspectiva histórica, que vai dos feitos do passado às promessas para o futuro. Na medida em que os gestores compreendem que o papel das organizações ultrapassa os horizontes de seu segmento de negócios, sentem-se devedores em relação à comunidade que lhes forneceu a necessária energia para produzir bens e serviços. Tal dívida assume caráter memorial: para saldá-la é preciso devolver à sociedade uma parcela de sua história, evidenciando publicamente esse compromisso e conferindo à ação social da instituição uma explícita dimensão cultural.

O argumento da responsabilidade histórica tem uma variante: o do centro de memória como *meio de comunicação de valores*. Os setores de relações públicas das organizações já não se contentam com os aportes convencionais oferecidos pelos *house organs*, expressão pela qual são conhecidos os jornais e as revistas de empresa. Tampouco se valem com exclusividade dos recursos e modismos da área de marketing. A postura mais coerente, hoje, consiste em evocar a memória institucional para recuperar e atualizar valores e princípios.

Por reconhecer a abrangência dos insumos que podem ser extraídos dos projetos desenvolvidos pelo centro de memória, o setor de relações públicas tem se convertido em arauto da instituição quanto à responsabilidade social e ao compromisso com a sustentabilidade, valorizando documentos capazes de demonstrar diversas ações que ultrapassam os interesses individuais dos proprietários, acionistas e investidores[20]. Haveria, portanto, uma aproximação natural entre as áreas de memória e comunicação, ambas preocupadas com a imagem institucional.

---

20. Paulo Nassar pretendeu, justamente, "identificar o resgate da memória e a construção da história organizacional como um campo novo que se abre para as relações públicas" (*ibidem*, p. 19).

A padronização de produtos e serviços leva as organizações a procurar em sua história, que é sempre única, os elementos diferenciais que lhes garantem lugar de destaque no mercado. Dessa forma, os centros de memória oferecem a necessária inspiração para distingui-las de suas concorrentes e fortalecer sua imagem. É preciso lembrar ainda que o processo de valorização do passado resulta, por si só, em vantagem competitiva, pois a confiabilidade de uma instituição se associa, em grande parte, ao fato de prezar valores e tradições. A vantagem aumenta, certamente, quando tais valores se alinham à responsabilidade em relação ao meio ambiente e ao meio social.

A somatória dos argumentos apresentados coloca o centro de memória como *fator estratégico* no âmbito das organizações, reforçando os vínculos mantidos com diferentes públicos, garantindo visibilidade a suas ações e funcionando como um verdadeiro trunfo em situações de crise.

Convém, no entanto, examinar criticamente o modo como os centros de memória vêm se apropriando desses discursos no âmbito das relações com as entidades que os abrigam. O argumento da identidade, que aparece mesclado à busca de vantagem competitiva, padece do que julgamos ser uma espécie de reducionismo empobrecedor da complexidade da relação que tal fenômeno mantém com a memória. A valorização das lembranças dos empregados, por outro lado, na perspectiva de estabelecer com a instituição um passado comum ou, ao menos, o sentido de pertencer à grande família que ela representa, parte de um pressuposto equivocado: o de que os funcionários formam um bloco coeso, indiferenciado e estático, sobreposto às múltiplas vinculações que os ligam à organização, aos seus distintos níveis de especialização ou às variadas aspirações que alimentam ao longo de sua carreira. Resta mencionar a inaceitável confusão entre os conceitos de história e memória, tema, aliás, sobre o qual existe farta literatura.

O ponto de vista das organizações

Se os centros de memória constroem discursos que elencam seu potencial e o alcance de sua atuação, seria de esperar que houvesse coerência entre tal imagem e a que deles fazem as organizações de que dependem. O que se observa, entretanto, é o descompasso entre ambas.

Nem sempre a criação do centro de memória é consequência do amadurecimento de discussões internas e da clareza quanto ao papel que deverá cumprir na instituição. O mais comum é que seja fruto da decisão de um grupo restrito, sem que haja consenso sobre sua necessidade. Afinal, não se trata de uma atividade-fim, nem do *core business* da organização, o que o coloca em desvantagem em relação a outros setores quando se tomam medidas de contenção de gastos.

Com equipes especializadas, de formação distinta da que têm os demais funcionários da organização, os centros de memória acabam por gerar algum estranhamento. Mesmo os profissionais da área de comunicação, com os quais mantêm afinidades, desconhecem a dinâmica do trabalho que neles se desenvolve, pautado, em grande parte, pela pesquisa em moldes acadêmicos. Os parâmetros de tempo mobilizados por uns e outros também são diferentes: de um lado, as retrospectivas, as incursões temporais de média e longa duração; de outro, as projeções de curto prazo, concentradas no amanhã.

Numa época de mudanças rápidas e de verdadeira revolução tecnológica, fica difícil entender como o passado pode servir de referência ao presente. Em que medida a elaboração de uma campanha publicitária requer a consulta a campanhas anteriores? O profissional de marketing diria que todas as referências necessárias estão no presente: em outras campanhas, no cotidiano, na arte, nas pesquisas de opinião, nas possibilidades tecnológicas do momento, nos materiais disponíveis. Não deixa de ter razão, mas quem trabalha no centro de memória acredita que o diálogo anteriormente estabelecido com o público pode ser importante elemento a ser avaliado, mesmo quando se pretende substituir ou *rejuvenescer* determinado produto.

Um balanço

Os projetos relacionados com a memória organizacional requerem investimentos permanentes, seja para proporcionar aos acervos adequado espaço físico, seja para adquirir *softwares*, digitalizar documentos, manter sistemas de *backup* e pagar licenças. Ainda que a instituição opte por guardar informações apenas em meio digital, deve também fazer constantes atualizações nos sistemas informatizados, de modo a garantir não só a integridade e a segurança dos dados armazenados, mas a rapidez dos relatórios de saída.

Não dispomos de dados precisos a respeito do número de centros de memória criados no Brasil a partir de 1990, mas é possível aventar a hipótese de que seu percentual em relação ao número de organizações de médio e grande porte é ainda pouco representativo. Observa-se, além disso, que muitos deles têm área de atuação limitada, no interior da organização de que fazem parte, e sequer são conhecidos pelos seus diferentes setores.

Quanto aos resultados alcançados pelo centro de memória no âmbito de determinada organização, o panorama é, no mínimo, contraditório. Embora se possa verificar o volume de consultas realizadas em seu acervo, o total de visitantes de uma exposição ou ainda a repercussão de certo evento na mídia, os benefícios que agrega à instituição, sobretudo quando trabalha em colaboração com outros setores, não se traduzem numericamente. Ainda assim alguns dirigentes percebem o aporte qualitativo do trabalho e reconhecem sua função estratégica. Outros, no entanto, veem o centro de memória como um setor essencialmente cultural e, portanto, apartado do mundo dos negócios; seu acervo constituiria patrimônio a ser preservado e utilizado esporadicamente, sobretudo em datas comemorativas, mas sem função ativa no dia a dia da organização.

Qualquer que seja a definição de seu perfil funcional, os centros de memória têm sido avaliados muito mais por suas potencialidades do que pelos produtos ou resultados das ações (rotineiras ou não) que, de fato, desenvolvem. Isso talvez explique o questionamento de sua relevância que costuma aflorar em momentos de crise institucional, fazendo que muitos deles, inclusive os que tiveram trajetória de sucesso na área, deixem de existir.

Bibliografia

Figueiredo, Miriam Collares. *Da memória dos trabalhadores à memória Petrobras: a história de um projeto*. Trabalho de conclusão de curso apresentado ao Centro de Pesquisa e Documentação de História Contemporânea do Brasil (cpdoc-fgv). Rio de Janeiro, 2009.

Goulart, Silvana. "Centros de memória: substância e funções no mundo contemporâneo". Em: Oliveira, Lucia Maria Velloso de; Oliveira, Isabel Cristina Borges de. *Preservação, acesso, difusão: desafios para as instituições arquivísticas no século xxi*. Rio de Janeiro: Associação dos Arquivistas Brasileiros, 2013.

Kunsch, Margarida M. Krohling. "Prefácio". Em: Nassar, Paulo. *Relações públicas na construção da responsabilidade histórica e no resgate da memória institucional das organizações*. 2. ed. São Caetano do Sul: Difusão Editora, 2008.

Mawakdiye, Alberto. "História pra contar: grandes corporações estão investindo em centros de memória e de documentação". *Problemas Brasileiros*. São Paulo: 2012, n. 413.

Meneses, Ulpiano T. Bezerra de. "A crise da memória, história e documento: reflexões para um tempo de transformações". Em: Silva, Zélia Lopes da (org.). *Arquivos, patrimônio e memória: trajetórias e perspectivas*. São Paulo: Editora Unesp, 1999 (Seminários & Debates).

_____. "A história, cativa da memória? Para um mapeamento da memória no campo das ciências sociais". *Revista do Instituto de Estudos Brasileiros*. São Paulo: 1992, v. 34.

MIRANDA, Danilo Santos de (org.). *Memória e cultura: a importância da memória na formação cultural humana*. São Paulo: Edições Sesc, 2007.

NASSAR, Paulo. *Relações públicas na construção da responsabilidade histórica e no resgate da memória institucional das organizações*. 2. ed. São Caetano do Sul: Difusão Editora, 2008.

NEVES, Margarida de Souza. "Nos compassos do tempo: a história e a cultura da memória". Em: SOIHET, Rachel *et al.* (org.). *Mitos, projetos e práticas políticas: memória e historiografia*. Rio de Janeiro: Civilização Brasileira, 2009.

PEREIRA, Flávia Borges. "Depoimento". Em: DAMANTE, Nara. "Conhece-te a ti mesmo". *Comunicação Empresarial*. São Paulo: 2004, n. 52.

TOTINI, Beth; GAGETE, Élida. "Memória empresarial: uma análise da sua evolução". Em: NASSAR, Paulo (org.). *Memória de empresa: história e comunicação de mãos dadas, a construir o futuro das organizações*. São Paulo: Aberje, 2004.

VITORIANO, Marcia Cristina de Carvalho Pazin. *Obrigação, controle e memória: aspectos legais, técnicos e culturais da produção documental de organizações privadas*. Tese (doutorado em história social) – Universidade de São Paulo. São Paulo, 2011.

WORCMAN, Karen. "Memória do futuro: um desafio". Em: NASSAR, Paulo (org.). *Memória de empresa: história e comunicação de mãos dadas, a construir o futuro das organizações*. São Paulo: Aberje, 2004.

Desafios

Lugar para o qual convergem (ou deveriam convergir) informações relevantes para o funcionamento de determinada organização, o centro de memória não deixa de ser uma espécie de metáfora da matriz ou da fonte capaz de lhe oferecer os nutrientes de que necessita para sobreviver e crescer. A palavra *memória* remete tanto à possibilidade de fixar, reconhecer e evocar experiências passadas quanto ao dispositivo (emprestado da informática) que permite receber, reter e restituir dados[1]. A palavra *centro*, por sua vez, sugere não apenas uma unidade de controle de tais operações; aponta também para a necessidade de evitar a dispersão e a fragmentação de algo que, na verdade, está em toda parte. Com tais atributos, presentes na literatura sobre o assunto e na prática das organizações observadas, como justificar as incessantes tentativas de dar aos centros de memória uma identidade própria? Como diminuir o abismo que separa a teoria da prática, isto é, o discurso que lhes confere importância estratégica sem que sejam dotados das reais condições para atingi-la? Como torná-los representativos e eficientes, afinal?

---

1. Eduardo Neiva, *Dicionário Houaiss de comunicação e multimídia*, São Paulo: Instituto Houaiss/Publifolha, 2013, p. 362.

"Coisas desconexas"

Os documentos acumulados e reunidos no contexto das atividades desenvolvidas por determinada organização constituem, *grosso modo*, matéria-prima do arquivo, tradicionalmente identificado como fonte de conhecimento. Contudo, à medida que diminui a intensidade de seu uso corrente, os documentos correm o risco de perder o vínculo que mantinham com as ações para as quais serviram de instrumento ou prova. Em outras palavras, correm o risco de perder seu efeito mais importante, que é o de representar as ações de que se originaram. Transformam-se, muitas vezes, em massa inerte e estéril a que se aplicaria, com alguma propriedade, o epíteto "arquivo morto"; ou então em coleção de documentos ungidos pelo tempo e reverenciados como ornamento histórico, retirando de sua antiguidade, nos moldes descritos por Arlette Farge[2], o fascínio que passam a exercer. Como isso acontece e por quê?

O problema não se limita à ausência de procedimentos adequados para estabelecer o destino dos documentos que perdem suas funções imediatas. Bem ou mal, as organizações têm praticado políticas de gestão que incidem sobre os arquivos das áreas administrativa, financeira e jurídica[3], garantindo-lhes o cumprimento de uma série de

---

2. Arlette Farge, *Le goût de l'archive*, Paris: Éditions du Seuil, 1989. Destinado a traduzir a paixão com que os pesquisadores se deixam envolver pelo ambiente misterioso dos arquivos e das bibliotecas, que lhes propiciam longas incursões pelo tempo e a oportunidade de recuperar do esquecimento diferentes personagens e acontecimentos, este livro de Farge é uma reflexão poética sobre o ofício do historiador.

3. O trabalho de referência sobre o tema é de Louise Gagnon-Arguin, *Typologie des documents des organisations: de la création à la conservation* (Québec: Presses de l'Université du Québec, 1998), que divide os tipos documentais das organizações em sete famílias: 1) documentos constitutivos; 2) de reunião; 3) de direção; 4) de recursos humanos e relações de trabalho; 5) de comunicação; 6) contábeis e financeiros; e 7) jurídicos. Em obra posterior, *Typologie des dossiers des organisations: analyse intégrée dans un contexte analogique et numérique* (Québec: Presses de l'Université du Québec, 2011), destinada aos tipos de processos (analógicos e digitais) mais comuns nas organizações, Gagnon-Arguin e Sabine Mas mantiveram

imposições legais. Mas esse universo fica ainda muito estreito sem as demais parcelas que compõem a chamada memória organizacional: o material técnico de apoio (publicações especializadas); os sistemas de informação utilizados por determinados setores, grupos e funcionários; e as ideias, suposições, expectativas, dúvidas, experiências e opiniões que não chegaram a ser registradas. Em clássico estudo sobre o assunto, Jeff Conklin[4] afirma que a memória organizacional, quando reduzida a documentos formais, não tem vida – "é um monte de coisas desconexas".

Quanto ao material de apoio (monografias, artigos, manuais de procedimentos, revistas especializadas, obras de referência etc.), geralmente entregue aos cuidados das bibliotecas, mas passível de ser absorvido por programas unificados de identificação de documentos, integra com facilidade o campo de atividades dos centros de memória. As principais fraturas em seu acervo, na verdade, decorrem dos outros fatores mencionados por Conklin e comprometem significativamente a representatividade que supomos devam ter (ou gostaríamos que tivessem).

O mais problemático desses fatores está ligado à configuração típica das unidades especializadas da organização: as operações que desenvolvem são sustentadas por sistemas de informação que se mostram refratários às tentativas de harmonização com os demais sistemas, e raras vezes são abrangidos por uma política institucional de arquivos. Numa análise instigante sobre os documentos que medeiam as relações entre pessoas nos ambientes de trabalho, Dominique Cotte[5] chama a atenção para algo que já havia sido observado por Chandler como fenômeno típico dos

---

tais agrupamentos, com algumas modificações: 1) processos constitutivos; 2) de reunião; 3) de direção; 4) de relações de trabalho; 5) de recursos humanos; 6) de comunicações; 7) de recursos financeiros; 8) de recursos mobiliários e imobiliários; e 9) jurídicos.

4. Jeff Conklin, *Designing organizational memory: preserving intellectual assets in a knowledge economy*, Napa: CogNexus Institute, 2001, p. 8.

5. Dominique Cotte, *Des médias au travail: emprunts, transferts, métamorphoses, mémoire pour l'habilitation à diriger des recherches*, Université d'Avignon et des Pays de Vaucluse, 2008.

empreendimentos modernos[6]: a necessidade de coordenar atividades numerosas, diversificadas e geograficamente distantes umas das outras. Tal fenômeno implica não apenas a criação de uma estrutura organizacional destinada ao controle e gerenciamento da produção, mas o desenvolvimento de um fluxo de informações precisas que, uma vez sistematizadas (com o apoio da estatística, sobretudo), se tornam capazes de medir a rentabilidade do trabalho. A globalização não fez mais que potencializar essa necessidade, como contraponto da dispersão que procuramos caracterizar no segundo capítulo deste livro. Mas a criação de nichos com circuitos autônomos de comunicação e dispositivos específicos para a circulação de informação entre seus membros tem contribuído, paradoxalmente, para acentuar a fragmentação do arquivo institucional.

A expectativa de utilizar ferramentas unificadas e compartilhadas corresponderia, até certo ponto, à racionalidade típica das organizações, cujo caráter estruturado, afinal, se exprime até mesmo pelo modo como se autodenominam. Por sua vez, as dificuldades de implantação de sistemas integrados de gestão empresarial[7] colocam em pauta a ambiguidade e o antagonismo que os presidem: de um lado, o aprimoramento dos processos administrativos, conferindo-lhes coerência e homogeneidade; de outro, o risco de não serem plenamente absorvidos, o que favorece adaptações regionais que acabariam por contribuir para o referido processo de desagregação[8].

---

6. Em seu clássico *The visible hand* (Cambridge, Massachusetts, London: The Belknap Press of Harvard University Press, 1993), Alfred D. Chandler Jr. estudou as companhias de estradas de ferro, as primeiras empresas a contratar grande número de assalariados, constituir escritórios centrais e criar quadros superiores de dirigentes, subordinados a conselhos de administração.

7. A iniciativa é mais conhecida entre nós como Enterprise Resource Planning (ERP), em inglês, ou Progiciel de Gestion Intégré (PGI), em francês.

8. As relações entre a memória organizacional e os processos de especialização e padronização de rotinas são problematizadas pelas pesquisadoras alemãs Marina Fiedler e Isabell Welpe em "How do organizations remember? The influence of organizational structure on organizational memory" (*Organization Studies*, Bruxelas: 2010, v. 31, n. 4, pp. 381-407). Para alguns autores, a padronização inibiria atitudes

O fato é que muitos desses sistemas regionais de informação, concebidos e utilizados por pequenos grupos ou até mesmo por um único indivíduo, dificilmente se integram a um programa de gestão de documentos e podem ser entendidos até mesmo como sintomas de desconfiança generalizada em relação a projetos de memória pretensamente destinados a todos os setores. Demonstram, ainda, o quanto tais projetos são inadequados às reais demandas de certos profissionais que atuam na organização. Em recente estudo sobre o assunto[9], em meio às hipóteses aventadas para explicar o desencontro entre os esquemas de classificação utilizados pela instituição e aqueles adaptados pelos funcionários para uso próprio, uma delas chama nossa atenção (por abarcar, de algum modo, todas as outras): a suposição de que os documentos digitais não fazem parte do universo do arquivo.

Numa cultura dominada ainda por documentos *tangíveis*, temporalidades bem demarcadas e formatos e suportes estáveis, a utilização cada vez maior de recursos informatizados e a predominância de ambientes digitais de trabalho criaram uma espécie de avesso da ordem estabelecida. Tudo se passa como se o mundo da velocidade, sincronia, ubiquidade, transitoriedade e desmaterialização não mais pudesse conter documentos. São as informações que imperam como fatores estruturantes dos sistemas de gestão, consagrando um padrão de fluidez que, a meio caminho entre dados e conhecimentos, se coaduna

---

inovadoras e retiraria do trabalho toda a riqueza e espessura da atividade concreta de homens e mulheres (Dominique Cotte, *op. cit.*, p. 31); para outros, a organização uniforme dos documentos evitaria uma série de problemas: sobreposições, soluções individuais nem sempre compreensíveis para os demais membros da equipe e destruição de parcelas importantes do arquivo (Sabine Mas, "Impact de l'organisation des documents électroniques sur l'interprétation de l'information organique et consignée dans un contexte de gestion décentralisée", Colloque "Le Numérique: Impact sur le Cycle de Vie du Document", *Actes*, Montréal: Université de Montréal, 2004).

9. Sabine Mas *et al.*, "Applying faceted classification to the personal organization of electronic records: insights into the user experience", *Archivaria*, Ottawa: 2011, v. 72, pp. 29-59.

perfeitamente com outros elementos etéreos: o espaço sem limites da *internet* e a utopia da conexão e do partilhamento total.

Nesse novo cenário consolidam-se vários substitutivos para documentos e arquivos, frutos de curiosa retórica que, para valorizar um campo profissional tradicionalmente desprestigiado, recorre a alianças com a informática e assume para si conceitos (gestão da informação e gestão do conhecimento) aos quais se ajusta com dificuldade. Alguns autores, como Harries, lamentam que o "documento de arquivo se dilua no mar da informação"[10], perdendo seus atributos singulares; outros preferem colocar o problema em termos de um verdadeiro conflito entre forma (suporte) e conteúdo (informação, conhecimento), entre ações mecânicas (marcadas pela repetição) e aquelas mais complexas (que demandam postura interpretativa), sinalizando o grau de reconhecimento social correlato a tais indicadores[11].

A explicação mais consistente para o "desaparecimento" do documento nas comunidades relativamente autônomas que se formam dentro de uma organização – e que, por isso mesmo, não se fazem representar no acervo de seu arquivo ou de seu centro de memória – está, na verdade, atrelada ao uso intensivo da informática. Antes de seu advento era possível reconhecer com nitidez a descontinuidade entre a ação executada e o instrumento que a viabilizava ou lhe servia de suporte técnico, fosse este identificado com documentos de caráter administrativo, correspondentes a atividades-meio; com normas, obras de referência e

---

10. Stephen Harries, *Records management and knowledge mobilisation: a handbook for regulation, innovation and transformation*, Cambridge: Chandos, 2012, pp. 14-5.
11. "Parecia, com efeito, mais nobre, em certas comunidades profissionais, dizer que geramos informação, em lugar de dizer que nos ocupamos com a circulação e a conservação de documentos" (Dominique Cotte e Marie Després-Lonnet, "Information et document numérique: entre métaphore et matérialité", *Sciences de la Société*, Toulouse: maio 2006, n. 68). Ver também, a esse respeito, o livro de Béatrice Vacher, *La gestion de l'information en entreprises: enquête sur l'oubli, l'étourderie, la ruse et le bricolage organisés* (Paris: Éditions ADBS, 1997).

manuais eventualmente consultados, produzidos ou não pela instituição; ou ainda com os chamados conhecimentos tácito[12] e informal[13], passíveis ambos de se converter em textos estruturados. Quando as atividades passam a ser realizadas em ambiente digital, o intervalo que separa os dois momentos (o da ação e o da sua corporificação em documento) deixa de existir ou fica imperceptível, porque o mecanismo mediante o qual a atividade se realiza coincide com ela ou lhe é contíguo, formando um *continuum*[14].

Ao mesmo tempo em que os usuários do portal, da *intranet*, do núcleo de gestão do conhecimento e de outros sistemas informatizados não se veem (nem são vistos) como produtores, transmissores e acumuladores de documentos[15], ocorre hoje, nas organizações, um fenômeno compensatório que vai em direção oposta: a progressiva textualização das atividades tende a substituir, pela cultura escrita, a oralidade antes predominante nas relações de trabalho. É nessa medida que muitos autores se interessam pelo estatuto documental das formações discursivas que resultam do trabalho de determinados grupos, cujos traços marcantes – a permanente incompletude[16] (pois submetidas constantemente a revisões e acréscimos, assumindo distintas e inúmeras versões) e a polifonia (na condição de somatória de ideias e opiniões de várias

---

12. Ikujiro Nonaka; Hirotaka Takeuchi, *op. cit.*
13. Jeff Conklin, *op. cit.*
14. Dominique Cotte, *op. cit*, pp. 260-1.
15. Como afirmaram Luciana Duranti e Corinne Rogers ("Archives in a digital society". *The Canadian Archives Summit*, Toronto, 2014), as fronteiras entre produtores e usuários de conteúdo ficaram de tal modo esgarçadas que deram origem ao neologismo em inglês *produser* (um misto de *producer* e *user*).
16. De acordo com Roger T. Pédauque – pseudônimo da rede de cientistas ligados ao projeto "Documentos e conteúdo: criação, indexação, navegação" (RTP-DOC), do Centro Nacional da Pesquisa Científica (CNRS), em Paris –, uma das consequências da informatização foi guindar protodocumentos à condição de documentos. Versões inacabadas, anotações, mensagens e lembretes informais são automaticamente coletados e arquivados, tomando o lugar de relatórios e sínteses. O tema é tratado no texto *Document et modernités*, de 2006.

pessoas) – contrastam, pelo dinamismo, com os dos "reservatórios de conhecimentos estáticos"[17]. As pesquisas de Zacklad[18] sobre as estratégias para perenizar o suporte material de fóruns de discussão, processos de criação coletiva e transações comunicacionais têm revelado as possibilidades da chamada documentarização para dar conta do que se passa em importantes setores de entidades públicas e privadas.

Retomando a análise dos componentes da memória organizacional, chegamos, finalmente, à última parcela mencionada: os elementos que, dispondo de dinâmica própria, se alojam tanto na memória dos indivíduos e dos grupos quanto na cultura organizacional como um todo. Mas tais elementos (ideias, suposições, expectativas, dúvidas, experiências e opiniões) – a matéria viva sem a qual, na opinião de Conklin[19], os documentos formais não fazem sentido – só surtem efeito se puderem ser, por sua vez, consignados em suportes estáveis, servindo como ponto de partida para a produção de outros documentos. Ainda que permaneça nebuloso o conceito de memória organizacional, ora identificada com os subprodutos materiais do funcionamento de uma instituição, ora com o processo cognitivo que deles se nutre, a perspectiva de tratá-la como um acervo de documentos capaz de dar respostas adequadas e rápidas às demandas da instituição mostra-se, em tese, inteiramente factível. Vejamos como.

O passado no presente

Como detentores de grande potencial estratégico e até mesmo responsáveis pelo sucesso institucional na nova ordem econômica, os

---

17. Expressão com a qual Dominique Maurel e Pierrette Bergeron cunharam os arquivos ("Quel rôle pour les archivistes dans la gestion de la mémoire organisationnelle?", *Archives*, Québec: 2008-2009, v. 40, n. 2, pp. 27-44).

18. Manuel Zacklad, "Processus de documentarisation dans les documents pour l'action (DopA): statut des annotations et technologies de la coopération associées". Em: Colloque "Le Numérique: Impact sur le Cycle de Vie du Document", *Actes*, Montréal: Université de Montréal, 2004.

19. Jeff Conklin, *op. cit.*, p. 8.

centros de memória se apresentam, na ótica de seus gestores e na bibliografia especializada, com o duplo caráter de instrumento retrospectivo e prospectivo, apto a estabelecer vínculos entre passado, presente e futuro. Nessa plataforma estão contidos, certamente, os embates entre o que é estático e o que é dinâmico, entre o inativo e o ativo, entre o permanente e o corrente. Partindo do pressuposto de que o *aqui e agora* das organizações tem prevalência sobre suas fases pretéritas, já é possível distinguir o sentido geral dos procedimentos a adotar.

Por mais que os centros de memória estejam associados a episódios pontuais de celebração do passado, não têm mais condições de se sustentar apenas em bases comemorativas. É claro que persistem iniciativas de biografar seus fundadores e dirigentes, de lembrar as dificuldades iniciais, de recapitular o processo de construção de toda uma cultura[20]. A febre comemorativa que caracterizou o século XX fez com que as instituições se aproximassem de profissionais especializados em produtos memoriais, firmando com eles parcerias duradouras. O curioso é que esse duplo movimento – o de cultuar o passado e o de enfrentar o ritmo acelerado do processo histórico contemporâneo – acabou por transformar a longevidade das organizações, sobretudo a das mais antigas, em fator de prestígio e de afirmação de identidade. As datas evocativas fazem parte, assim, da lógica institucional, e cumprem importante papel na área de marketing.

Mas um olhar retrospectivo tem também outras funcionalidades que independem da distância que é preciso percorrer para tornar presentes e efetivos os acontecimentos e experiências do passado: pode incidir sobre elementos remotos ou recentes, específicos ou de largo espectro, internos ou externos à organização, cabendo ao centro de memória colocar seu acervo à disposição de toda e qualquer demanda. A

---

20. Para Maria Tereza Leme Fleury (*op. cit.*), estudiosa da cultura empresarial, as organizações produzem seus heróis, fruto da coragem de determinados indivíduos para vencer as dificuldades iniciais. Quando as entidades se burocratizam, recorrem à mediação de momentos ritualizados de confraternização, a fim de recuperar o mito da *grande família* que elas teriam sido originalmente.

busca de subsídios e antecedentes, afinal, não é prerrogativa apenas dos setores responsáveis pelas tomadas de decisão ou pela área de comunicação corporativa, mas envolve a grande maioria das atividades rotineiramente praticadas pela instituição.

O cumprimento dessa missão depende de um fator fundamental: que o acervo seja representativo das múltiplas funções que a organização exerce e exerceu ao longo do tempo, tanto do ponto de vista endógeno (atividades-meio e atividades-fim) quanto exógeno (injunções de natureza econômica, social e política que pautaram sua atuação). É necessário, portanto, que o centro de memória, independentemente de uma eventual descentralização de sua custódia física, possa mobilizar os documentos e colocá-los à disposição dos usuários. Referimo-nos aqui, em primeiro lugar, aos resultantes das atividades-meio, revestidos ou não de valor legal; e, em segundo, àqueles que testemunham as finalidades da instituição, a exemplo dos frascos de essência conservados nos arquivos das grandes fábricas francesas de perfume[21]. Os acervos formados de modo errático, pela reunião do que sobrou de múltiplas dispersões, não conseguem alcançar a referida representatividade, nem a visibilidade e importância que almejam os profissionais que ali trabalham.

A tarefa é mais complexa do que parece à primeira vista. O centro de memória deve estar preparado para propiciar respostas às questões que os diferentes setores precisam resolver, e isso ocorre quando se dá acesso a informações que podem ser obtidas, sobretudo, nos documentos de arquivo. A chave para o processo de tomada de decisão, segundo Angelika Menne-Haritz, está no conhecimento que a organização tem de seu próprio passado, isto é, daquilo que não está presente, independentemente do tempo decorrido entre o momento em que a

---

21. Bruno Delmas (*op. cit.*, p. 74) afirma que tais frascos "reúnem todo o saber e a experiência acumulados no decorrer dos tempos na composição dos perfumes, sob a forma de documentos olfativos". Graças a eles a L'Oréal ganhou, no Tribunal de Justiça de Paris, uma ação de direitos autorais contra a empresa Bellevue.

informação é requerida e aquele em que ocorreram os fatos cujas referências se fazem necessárias. Esse intervalo, diz a autora, tanto pode ser de minutos quanto de muitos anos: o importante é que se faça a ligação entre o problema atual e as ações encadeadas que o antecederam[22].

Como entender e operacionalizar essa necessidade de passado? A resposta a tal pergunta não está, com certeza, em linhas do tempo continuamente alimentadas, nem em relatos retrospectivos obtidos por meio de programas de história oral. Tampouco se encontra em livros que, com maior ou menor rigor metodológico, contam a história da instituição. Se tais iniciativas são importantes e devem continuar a fazer parte da programação dos centros de memória, é fundamental ter em mente a natureza peculiar dos elos que, no seu dia a dia, a organização precisa estabelecer com as decisões anteriormente tomadas e os atos praticados de modo rotineiro pelos seus diferentes setores. Não basta assinalar a excepcionalidade com que certos eventos interferem na vida institucional, alterando suas configurações prévias. O funcionamento de entidades públicas e privadas consiste em operações que, necessárias para a obtenção de produtos e serviços, obrigam o cumprimento de etapas previsíveis cujo percurso sinaliza também, *a posteriori*, a busca de antecedentes. "Nenhuma ação se compõe de um único passo, e sim de uma sucessão deles: além disso, nenhum passo é isolado e independente daqueles que o precedem ou daqueles que o sucedem. Ocorre o mesmo com os documentos que, produzidos para viabilizar determinada ação, representam os gestos necessários ao seu cumprimento"[23].

---

22. Angelika Menne-Haritz, *Knowledge management and administrative records: contribution to Seminar on Teaching Records Management and on Further Education/Training of Teachers*, by Eurbica (European Regional Branch, International Council on Archives), Helsinki: National Archives of Finland, 2004, p. 7.

23. Essa a razão por que Bruno Delmas (*op. cit.*, p. 58), autor dessas frases, afirma que "os documentos de arquivo pertencem a conjuntos solidários, organizados segundo as necessidades de cada ação, e não por uma escolha arbitrária".

O conceito de rotina, formulado por Nelson e Winter[24] e revisitado por Becker[25], é o que melhor exprime, em nossa opinião, o universo sobre o qual devem recair as atenções dos que se ocupam da memória da organização. Rotinas são atividades repetitivas e estáveis, que não exigem especial atenção de quem as executa; estão presas a contextos específicos e dificilmente se transferem a outros; e são fenômenos coletivos, na medida em que supõem a distribuição de tarefas, convertendo a organização, por isso mesmo, em algo complexo e pouco transparente. A transformação de uma atividade em rotina é "a forma mais importante de preservar conhecimentos operacionais específicos da organização", afirmam Nelson e Winter[26]; ou seja, as rotinas constituem uma espécie de memória das competências organizacionais, incorporando conhecimentos explícitos e tácitos[27]. Identificá-las e explicar suas origens são, portanto, tarefas fundamentais para um setor que tem a pretensão de proporcionar, para a organização como um todo, o necessário lastro de referências retrospectivas.

Se o patamar em que transcorre a maior parte dos processos cuja memória deve ser preservada é o das atividades rotineiras, tenham elas caráter deliberativo ou não, é preciso garantir, antes de tudo, que estejam devidamente representadas no acervo. Para que isso ocorra não basta disciplinar o fluxo de documentos, estabelecendo, nos moldes em que operam os sistemas de arquivo, quando e como devem ingressar no centro de memória. Este é que deve tomar a dianteira e assumir a gestão

---

24. Richard R. Nelson; Sidney G. Winter, *An evolutionary theory of economic change*, Cambridge: Harvard University Press, 1982.
25. Markus C. Becker, "Organizational routines: a review of the literature", *Industrial and Corporate Change*, Oxford: 2004, v. 13, n. 4.
26. Richard R. Nelson; Sidney G. Winter, *op. cit.*, p. 99.
27. Seria essa a memória – ou história, como sugere Dirk Baecker em "The form of the firm" (*Organization*, London: 2006, v. 13, n. 1, pp. 109-42) – de que se tem necessidade no mundo das organizações: a que fica impregnada em seus funcionários, procedimentos, equipamentos e ambientes, e que nada tem a ver com o relato que os historiadores produzem.

dos documentos desde o início, sendo capaz de "identificar as partes essenciais do processo de comunicação e estabilizar as informações ali contidas, seja em ambientes orais, escritos ou eletrônicos"[28].

O trabalho de fixação de acontecimentos passados para posterior referência tem, a rigor, num centro de memória, duas facetas importantes. Em primeiro lugar, a de corresponder à chamada estratégia da documentação, proposta por Helen Samuels[29]. Já que a prática arquivística, para a autora, tem enfocado, com exclusividade, "as atividades e os indivíduos que produzem documentos oficiais"[30], a contrapartida seria uma abordagem funcional de mapeamento das atividades que efetivamente possam representar a instituição como um todo. Em segundo, a função de minimizar os efeitos perversos da existência de sistemas paralelos e concomitantes, representados pelas comunidades que, nas grandes organizações, atuam em rede e a distância com relativa ou total autonomia. Convém, nesses casos, "levar em conta o processo e não apenas os resultados"[31], valorizando as sucessivas configurações que o material utilizado nas situações de trabalho coletivo e cooperativo vai assumindo antes de chegar a um resultado final comum. O já referido processo de documentarização, ao estabilizar as etapas das novas rotinas introduzidas pelo uso intensivo de recursos *on-line*, tem produzido férteis discussões que encontram afinidade com as ideias de Menne-Haritz e se ajustam, com perfeição, à problemática dos centros de memória[32].

---

28. Angelika Menne-Haritz, *op. cit.*, p. 11.
29. Helen Willa Samuels, *Varsity letters: documenting modern colleges and universities*, Chicago: The Society of American Archivists, 1992.
30. *Ibidem*, p. 6.
31. Sylvie Dalbin; Brigitte Guyot, "Documents en action dans une organisation: des négotiations à plusieurs niveaux", *Études de Communications: Langages, Informations, Médiations*, Lille: 2007, n. 30.
32. Vale a pena conferir os trabalhos reunidos por Pascal Salembier e Manuel Zacklad (*Annotations dans les documents pour l'action*, Paris: Lavoisier, 2007) a propósito dos documentos que instrumentalizam ações coletivas e o papel que neles desempenham as anotações.

Para que fique disponível e possa ser compartilhado, o acervo do centro de memória precisa ser organizado a partir dos mesmos referenciais que justificaram a produção (e, obviamente, a guarda) dos documentos que o integram. Em outras palavras, é da compreensão da trajetória da entidade que se extraem os principais elementos de organização do acervo. O plano de classificação de documentos, base comum dos procedimentos que permitem acesso a seu conteúdo, não pode, com efeito, se limitar a oferecer uma sucessão de quadros estáticos dos diferentes setores em que se divide a instituição; é preciso vê-los sempre na dinâmica temporal que os envolve, fazendo, de preferência, o caminho do antirrelógio, que vai do presente ao passado: a forma mais complexa de desenvolvimento institucional, nesse sentido, é sempre capaz de explicar suas configurações embrionárias.

Ligando os pontos

A operacionalização de um centro de memória envolve trabalho permanente e treinamento contínuo das pessoas envolvidas. Além de mobilizar todos os setores da organização e de dominar sua linguagem, requer profissionais qualificados que acompanhem de perto rotinas, procedimentos e sistemas de comunicação, com a perspectiva de tipificar ações, dotá-las de aparato documental (se necessário) e criar um esquema classificatório que dê ao acervo condições de representar a dinâmica institucional no espaço e no tempo, em suas relações internas e externas.

A construção de uma trama de remissões que dê conta de documentos de origens distintas, produzidos em gêneros e suportes variados, e com diferentes graus de concentração de informações, supõe, naturalmente, gestão centralizada, processo descritivo homogêneo e emprego de equipamentos de informática e programas compatíveis com o volume do acervo.

O processo descritivo deve ter por eixo a contextualização, responsável por dar sentido aos documentos. É pelo contexto mais imediato que se assegura que os documentos se mantenham atrelados às ações responsáveis por sua criação e, desse modo, lhes sirvam de prova. Isso significa que, ao contrário de outros, os documentos de arquivo, que constituem grande parte do acervo dos centros de memória, mantêm estreita correspondência com as atividades que viabilizaram, retirando dessa condição de mediadoras ou veículos sua força probatória e autenticidade. A tarefa é particularmente importante (e difícil) em ambiente digital, cuja fluidez e fragmentação demandam uma verdadeira operação de modelagem destinada a estabilizar e contextualizar documentos.

É preciso resistir à tentação de armazenar tudo. A memória não pode ser pensada como duplicação infinita do real, alimentada pela ilusão de poder atender a necessidades complexas e diversificadas. A crescente ampliação da capacidade de estocagem oferecida pela tecnologia não é argumento relevante para evitar o processo seletivo, que deve figurar como atividade rotineira na pauta dos centros de memória, até mesmo para assegurar a representatividade de seu acervo e a eficiência dos serviços prestados.

Correlata a essa ideia, mas igualmente ilusória, a crença na capacidade ilimitada de acesso rápido ao conteúdo de documentos disponíveis *on-line* tem levado algumas instituições a dispensar procedimentos descritivos em favor de programas de digitalização extensiva de seu acervo. As inegáveis vantagens das ferramentas que quebram a linearidade característica dos textos no suporte papel – e substituem a filtragem típica da pesquisa convencional pela navegação – não podem fazer tábula rasa do único dispositivo capaz de representar determinadas atividades de modo persistente e único: o contexto de origem.

Entre os projetos desenvolvidos pelos centros de memória, é costume destacar aqueles que dão visibilidade à instituição e acabam por se transformar em marcas distintivas de grande efeito promocional. É o caso da coleta de artefatos remanescentes dos ambientes de trabalho, dos equipamentos não mais utilizados, de produtos fora de linha ou de antigas campanhas publicitárias – material normalmente exibido em saguões e portais, em caráter temporário ou permanente. É o caso também das iniciativas que, a pretexto de preencher eventuais lacunas da documentação administrativa, investem nos arquivos pessoais de seus ex-dirigentes ou nas lembranças de ex-funcionários, obtidas por meio de depoimentos, entrevistas, histórias de vida e outras técnicas. As múltiplas versões de um mesmo acontecimento, as opiniões divergentes, os conflitos de interesse, os diferentes níveis de aspiração, os votos vencidos e a assunção de erros e fracassos costumam aflorar nesse tipo de material, e surtem o paradoxal efeito de reforçar a credibilidade da organização, interna e externamente, mostrando-a como espaço de disputa e diálogo. Mas é preciso bem mais, e esse passo só pode ser dado por aqueles que acumularam, até aqui, a meritória experiência de preservar e reunir documentos antes relegados ao descaso e à dispersão.

Ao construir sua linha de atuação, o centro de memória deve priorizar a representatividade contínua e sistemática da instituição como um todo, com a perspectiva de atender a quaisquer demandas provenientes de seus diferentes setores. Estabelece-se, assim, uma sutil fronteira entre representante (o centro de memória) e representado (a organização), algo que demarca espaços descontínuos. O centro de memória, afinal, não tem demandas próprias, a não ser aquelas de natureza operacional, decorrentes de sua condição de instrumento administrativo ancorado no presente e lastreado em pesquisa retrospectiva. Isso significa que não é autor das perguntas que ajuda a responder, nem tem respostas antecipadas às perguntas que lhe serão formuladas em um futuro próximo ou remoto. Significa também que, funcionando como um duplo da organização, em perfeita sincronia com o ritmo de desenvolvimento das atividades que lhe são específicas, é capaz de ecoar e acompanhar seu contínuo desenvolvimento – o que só se faz, naturalmente, à custa de contínuo processo investigativo.

Resta saber se as condições aqui mencionadas garantem a longevidade dos centros de memória. Em princípio, eles estariam preparados para encenar o sentido último da virtualidade a que nos referimos no início do trabalho, ou seja, para assumir essa nova dimensão da realidade, que é a das coisas em potencial. Sempre haverá o risco de descompassos, mas o mais provável é que a disponibilidade desse arquivo ampliado, com largo espectro de abrangência e alto poder informativo, estará à altura e à frente das necessidades da organização.

Bibliografia

BAECKER, Dirk. "The form of the firm". *Organization*. London: 2006, v. 13, n. 1.

BECKER, Markus C. "Organizational routines: a review of the literature". *Industrial and Corporate Change*. Oxford: 2004, v. 13, n. 4.

CHANDLER JR., Alfred D. *The visible hand.* Cambridge (Massachusetts, London): The Belknap Press of Harvard University Press, 1993.

CONKLIN, Jeff. *Designing organizational memory: preserving intellectual assets in a knowledge economy*. Napa: CogNexus Institute, 2001.

COTTE, Dominique. *Des médias au travail: emprunts, transferts, métamorphoses*. Mémoire pour l'habilitation à diriger des recherches, Université d'Avignon et des Pays du Vaucluse. Avignon, 2008.

_____; DESPRÉS-LONNET, Marie. "Information et document numérique: entre métaphore et matérialité". *Sciences de la Société*. Toulouse: maio 2006, n. 68.

DALBIN, Sylvie; GUYOT, Brigitte. "Documents en action dans une organisation: des négotiations à plusieurs niveaux". *Études de Communications: Langages, Informations, Médiations*. Lille: 2007, n. 30.

DAVALLON, Jean *et al*. "Introduction". Em: *Lire, écrire, récrire: objets, signes et pratiques des médias informatisés*. Paris: Bibliothèque Publique d'Information, 2003.

DELMAS, Bruno. *Arquivos para quê?: textos escolhidos*. Trad. Danielle Ardaillon. São Paulo: Instituto Fernando Henrique Cardoso, 2010.

DUFF, Wendy M. *et al.* "From coexistence to convergence: studying partnerships and collaboration among libraries, archives and museums". *Information Research.* Lund: set. 2013, v. 18, n. 3.

DURANTI, Luciana; ROGERS, Corinne. "Archives in a digital society". *The Canadian Archives Summit*: towards a new blueprint for Canada's recorded memory. Toronto, jan. 2014.

FARGE, Arlette. *Le goût de l'archive.* Paris: Éditions du Seuil, 1989.

FIEDLER, Marina; WELPE, Isabell. "How do organizations remember? The influence of organizational structure on organizational memory". *Organization Studies.* Bruxelas: 2010, v. 31, n. 4.

FLEURY, Maria Tereza Leme. "O simbólico nas relações de trabalho". Em: FLEURY, Maria Tereza Leme; FISCHER, Rosa Maria (org.). *Cultura e poder nas organizações.* São Paulo: Atlas, 2009.

GAGNON-ARGUIN, Louise. *Typologie des documents des organisations: de la création à la conservation.* Québec: Presses de l'Université du Québec, 1998 (Gestion de l'Information).

_____; MAS, Sabine. *Typologie des dossiers des organisations: analyse intégrée dans un contexte analogique et numérique.* Québec: Presses de l'Université du Québec, 2011 (Gestion de l'Information).

HARRIES, Stephen. *Records management and knowledge mobilisation: a handbook for regulation, innovation and transformation.* Cambridge: Chandos, 2012.

MAS, Sabine. *Classification des documents numériques dans les organismes: impact des pratiques classificatoires personnelles sur le repérage.* Québec: Presses de l'Université du Québec, 2011 (Gestion de l'Information).

_____. "Impact de l'organisation des documents électroniques sur l'interprétation de l'information organique et consignée dans un contexte de gestion décentralisée". Em: Colloque "Le Numérique: Impact sur le Cycle de Vie du Document", Montréal, 13-15 out. 2004. *Actes.* Montréal: Université de Montréal, 2004.

_____; MAUREL, Dominique; ALBERTS, Inge. "Applying faceted classification to the personal organization of electronic records: insights into the user experience". *Archivaria*. Ottawa: 2011, v. 72.

MAUREL, Dominique; BERGERON, Pierrette. "Quel rôle pour les archivistes dans la gestion de la mémoire organisationnelle?". *Archives*. Québec: 2008-2009, v. 40, n. 2.

MENNE-HARITZ, Angelika. *Knowledge management and administrative records: contribution to Seminar on Teaching Records Management and on Further Education/Training of Teachers*, by Eurbica (European Regional Branch, International Council on Archives). Helsinque: National Archives of Finland, 2004.

NEIVA, Eduardo. *Dicionário Houaiss de comunicação e multimídia*. São Paulo: Instituto Houaiss/Publifolha, 2013.

NELSON, Richard R.; WINTER, Sidney G. *An evolutionary theory of economic change*. Cambridge: Harvard University Press, 1982.

PASCAL, Robert. "Critique de la dématérialisation". *Communication et Langages*. Villeurbanne: 2004, n. 140.

SALEMBIER, Pascal; ZACKLAD, Manuel (org.). *Annotations dans les documents pour l'action*. Paris: Lavoisier, 2007 (Hermes Science; Management des Savoirs).

SAMUELS, Helen Willa. *Varsity letters: documenting modern colleges and universities*. Chicago: The Society of American Archivists, 1992.

SARLO, Beatriz. "O animal político na web". *Serrote*. São Paulo: mar. 2011, n. 7.

_____. *Tempo presente: notas sobre a mudança de uma cultura*. Trad. Luís Carlos Cabral. Rio de Janeiro: José Olympio, 2005.

SHEPHERD, Elizabeth; YEO, Geoffrey. *Managing records: a handbook of principles and practice*. London: Facet, 2003.

VACHER, Béatrice. *La gestion de l'information en entreprises: enquête sur l'oubli, l'étourderie, la ruse et le bricolage organisés*. Paris: Éditions ADBS, 1997.

Zacklad, Manuel. "Processus de documentarisation dans les documents pour l'action (DopA): statut des annotations et technologies de la coopération associées". Em: Colloque "Le Numérique: Impact sur le Cycle de Vie du Document", Montréal: 13-15 out. 2004. *Actes*. Montréal: Université de Montréal, 2004.

Sobre as autoras

Ana Maria Camargo

Professora do Departamento de História da Faculdade de Filosofia, Letras e Ciências Humanas da Universidade de São Paulo, tem se dedicado a pesquisar e orientar trabalhos acadêmicos sobre documentos e arquivos. É autora, entre outros títulos, de *Bibliografia da Impressão Régia do Rio de Janeiro* (Edusp e Livraria Kosmos Editora, 1993), com Rubens Borba de Moraes; *Dicionário de terminologia arquivística* (Associação dos Arquivistas Brasileiros – Núcleo São Paulo, 1996), com Heloísa Liberalli Bellotto; e *Tempo e circunstância* (Instituto Fernando Henrique Cardoso, 2007), com Silvana Goulart.

Silvana Goulart

Mestre em história pela Universidade de São Paulo, publicou o livro *Sob a verdade oficial* (Marco Zero e Programa Nacional do Centenário da República e Bicentenário da Inconfidência Mineira: MCT/CNPq, 1990), referente à imprensa, censura e propaganda no Estado Novo. Especializou-se em arquivologia, sendo coautora do livro *Tempo e circunstância*, que traz proposta metodológica para o tratamento de documentos em uma perspectiva contextual. Dedica-se a consultoria, gestão de acervos e projetos culturais, elementos que comumente se reúnem nos centros de memória que tem organizado.

Fonte	Minion Pro e Adobe Caslon Pro
Papel	Supremo Duo Design 300 g/m²
	Alta alvura 90 g/m²
Impressão	Colorsystem